Matt Seaton

Der Ausreißer

Matt Seaton

Der Ausreißer

Meine Rennradjahre

Aus dem Englischen
von Karen Lauer

MALIK

Die englische Originalausgabe erschien 2002
unter dem Titel »The Escape Artist. Life from the Saddle«
bei Fourth Estate, London.

ISBN 3-89029-259-3

Satz: EDV-Fotosatz Huber/Verlagsservice G. Pfeifer,
Germering
Druck und Bindung: Ebner & Spiegel, Ulm
Printed in Germany

www.malik.de

*Zur Erinnerung
an Charlie Curtnoys,
1962–2002*

Prolog

Ich war noch nicht sechzehn, als ich durch jahrelanges Radfahren schon ziemlich viel Ahnung hatte von Stil, Geschwindigkeit, Anmut, Zielstrebigkeit, Wert, Form, Integrität, Gesundheit, Humor, Musik, Atmung und schließlich – was vielleicht das beste war – von dem Verhältnis zwischen Anfang und Ende.
William Saroyan

Wenn man von Norden her auf den Westerham Hill kommt, gibt es einen Punkt, an dem die Straße endlich wieder flach wird. Trotz der kühlen Luft schwitzt man von der Anstrengung der letzten zwanzig Minuten, in denen man die stetige Steigung hinaufgefahren ist. Bei der Kirche von Keston, die unerschrocken so nah am Hang steht, daß der ummauerte Friedhof inzwischen fast abrutscht, biegt man auf die A233 von Bromley ein. Die Beine fühlen sich schwer an und schmerzen von dem kurzen, harten Anstieg zur Hauptstraße. Wenn man den höchsten Punkt erreicht, läßt man den kleinen Gang noch ein paar Sekunden lang eingelegt, um die Milchsäure wegzukurbeln, während der Puls sich normalisiert und man wieder zu Atem kommt.

Von dort zieht sich die A233 bis zu der letzten, südlichsten Hügelkette der North Downs hin. Gelegentlich senkt sich die Straße mit dem Gelände ab, doch im wesentlichen steigt sie langsam und beständig an. Im Sommer, wenn die Muskeln warm sind und besser arbeiten, ist die langgezogene Steigung flach genug, um gegen einen hohen Gang anzutreten. Im Winter, außerhalb der Saison, würde man eher das kleine Kettenblatt wählen, einen niedrigeren Gang fahren, um die Knie zu schonen und ein flottes Tempo beizubehalten. Nur wenn von hinten ein kalter Nordostwind weht, der einen vor sich her treibt, oder nach dem Jahreswechsel, wenn man allmählich an die Rennen zum Saisonauftakt denkt, wird man vielleicht auf das große Blatt schalten und seine protestierenden Beine wieder daran erinnern, wie sich hart erarbeitete Geschwindigkeit anfühlt. So lernt man, den Wechsel der Jahreszeiten an der Wahl der Übersetzung abzulesen: Man wirft einen Blick nach unten zwischen die Beine, um zu sehen, welchen Zahnkranz die Kette jetzt in fester, mechanischer Umarmung umschlingt. Aber die North Downs sind nicht die Alpen, und auf dieser Straße ist ein mittlerer Gang kein Problem.

In Biggin Hill macht die A233 einen Bogen nach links und schwenkt dann nach Süden. Sich die langgezogene Steigung hinaufquälend, fährt man durch das letzte Waldstück, das sich plötzlich auf eine Aussicht in unzähligen Schattierungen von Grün, Braun und Grau hin öffnet. An einem Wintertag, in dem diffusen Licht eines niedrigen, flachen Himmels, trägt die Landschaft schmutzige Tarnfarben. Mit dem Westerham Hill hat man den letzten Hügelkamm der North Downs erreicht. Auf beiden Seiten bilden die Hügel einen großen Schutzwall, der sich weit in die dunstige Ferne erstreckt, wo das Land auf schwindelerregende Weise zu einem tiefen, weiten Tal hin abfällt. Im südlichen Windschatten der Downs versteckt, liegt der Pilgrim's Way. Die mittelalterliche Straße schlängelt sich zwischen dem Patchwork aus Feldern und Hecken hindurch, vorbei an halbvergessenen Kirchen und Kapellen bis nach Canterbury auf der anderen Seite der Autobahn, der M25.

Jenseits der alten A25 liegt der Weald of Kent. Nebel hängt über dem, was von dem einstmals riesigen Wald noch übrig ist. Unnahbar und ungepflegt im Vergleich zum Schachbrettmuster der Felder der säuberlich bestellten Lowlands, scheint der Weald auch heute noch ein englisches Arkadien zu verheißen, das nicht durch Autos, Straßen und die Vorortsiedlungen des überlaufenden Londons verschandelt ist.

Man hat gerade genug Zeit, sich aufzurichten und kurz die Aussicht zu genießen. Vielleicht gönnt man sich ein paar Sekunden, um den Rücken durchzudrücken und zu strecken, damit die grummelnden Muskelschmerzen unterhalb der Nieren aufhören. Man nimmt die Hände vom Lenker, um den Reißverschluß des Thermotrikots bis zum Hals hochzuziehen und rollt einen Moment lang wie die Etappensieger der Tour dahin, die ihr Trikot zurechtzupfen und ihre Kappe geraderücken, damit die Sponsoren etwas für ihr Geld bekommen, wenn die Fotografen abdrücken. Dann, während das Rad langsam schneller wird, ist man plötzlich wieder an einem Wintertag in den North Downs, und die behandschuhten Hände greifen schnell nach dem Lenker. Jetzt ruhen sie nicht mehr oben auf dem Bügel, sondern fassen unten in die Bögen, wobei zwei Finger in Bereitschaft auf den Bremsgriffen liegen – sie berühren, aber ohne Druck: Schließlich will man die Geschwindigkeit. Die Geschwindigkeit ist der Lohn für die Mühe, die einen der Anstieg gekostet hat.

Jetzt fällt die Straße im Schutz von Bäumen steil ab. Man braucht nicht mehr zu treten. Das Tempo beschleunigt sich rasch über den Punkt hinaus, an dem das Treten noch etwas nützen würde. Man beugt sich vor, duckt sich so weit man kann in den Wind, verteilt sein Gewicht möglichst tief und möglichst gleichmäßig über das Rad. Im Herbst hält man Ausschau nach nassem Laub, das auf der Straße einen ebenso tückischen, glitschigen Überzug bilden kann wie Eis. Aber der Winterregen hat die Fahrbahn saubergewaschen. Dennoch paßt man auf, achtet auf Schlaglöcher und Steine.

Du befindest dich im freien Fall. Du nimmst nichts mehr wahr außer der Linie, die du fahren mußt. Wenige Minuten zuvor war das Keuchen des eigenen Atems noch dein ständiger Begleiter. Jetzt hörst du nur noch das Rauschen des Windes im Hintergrund und das Pulsieren des Blutes in deinen Ohren.

Die Straße macht eine harte Biegung nach rechts und führt dann geradeaus bergab bis zum Talboden. Wenn die Fahrbahn trocken ist und man gute Reifen hat, wenn kein Verkehr ist und man die volle Breite der Straße nutzen kann, wenn man all seinen Mut und Verstand beisammen hat, kann man durch diese Kurve hindurchkommen, ohne die Bremsen anzurühren. Am Scheitelpunkt erreicht man ein Tempo von siebzig bis fünfundsiebzig Sachen. Man kann den Kurvenausgang nicht sehen, und es ist wichtig, daß man die richtige Fahrlinie wählt. Wenn dir die Straße ausgeht, ist die Wölbung der Fahrbahn gegen dich, wirft dich achselzuckend vom Asphalt. Hat man sich einmal für eine Linie entschieden, ist es zu spät, um zu bremsen. Nicht auszudenken, was ein Sturz bei diesem Tempo bedeuten würde.

Und dann, im Bruchteil einer Sekunde, bist du durch die Kurve hindurch und frei. Du sitzt noch auf dem Rad, und die Straße liegt wieder gerade vor dir. Du kannst kaum glauben, daß du es geschafft hast, daß du noch am Leben bist und unversehrt. Du spürst die Kühle der Luft, denn der Wind schneidet durch alle Schichten deiner Kleidung, saugt gierig die Körperwärme aus deinem feuchten Unterhemd und lenkt die brennenden Tränen von deinen Wangen. Aber die Kälte stört dich nicht. Du bist entkommen.

Bergabfahren erfordert Können und Mut und einen Mangel an Phantasie. Eine zu rege Einbildungskraft bedeutet, daß man mitten in der Nacht schweißgebadet aufwacht, aufgeschreckt von dem Gedanken, was passieren könnte, wenn man stürzt. Der italienische Radrennfahrer Gianni Bugno, der Ende der achtziger Jahre zweimal Weltmeister war, hat einmal scherzhaft gemeint, als sein Selbstvertrauen seinen Tiefstand erreicht habe, habe er vor dem Abfahren solche Angst bekommen, daß er die Berge hinuntergefahren sei wie ein Pfarrer in Soutane. So bergab zu fahren – die ganze Zeit die Bremsen zu umklammern, sich nicht vorstellen zu können, daß man die nächste Serpentine schneller nehmen kann als im Schrittempo – kommt für einen Profi nicht in Frage. Bugnos Heilmittel dagegen war, beim Bergabfahren über Kopfhörer Mozart zu hören. Die Musik blockte seine Angst (ab), beruhigte seine Nerven und ermöglichte es ihm, auf seine Reflexe zu vertrauen. Durch die *Zauberflöte* lernte er (wieder) fliegen.

Eine gewisse gewollte geistige Dumpfheit ist für Radfahrer hilfreich – zumindest für die Art von Radfahrern, zu denen ich gehörte: für den Radrennfahrer. Wenn man so hart trainieren will, wie man es muß, um überhaupt nur zu einem Rennen antreten zu können, wenn man das Minimum an Fitneß, Schnelligkeit und Ausdauer erreichen will, ohne die man kein Rennen durchsteht, geschweige denn auf irgendeinen *Platz* kommt, muß man sich diese gewollte Dumpfheit zulegen. Der Radrennfahrer muß ein Held nach Nietzsches Vorstellungen sein – ohne einen Gedanken im Kopf. Das Ziel, das man in kleinen Schritten erreichen kann, ist, fitter und schneller zu werden, über den Punkt hinausgehen zu können, an dem der Körper nach einer Pause schreit. Um ein guter Rennfahrer zu sein, muß man bereit sein, jedes Opfer zu bringen, das nötig ist, damit man sich selbst übertrifft, wieder und immer wieder. Man muß sich zwingen, und es muß weh tun. Man muß den brennenden Wunsch unterdrücken, am Straßenrand zu halten und sich auszuruhen. Für den Radrennfahrer gibt es immer noch einen Hügel, noch einen Sprint, noch eine Runde, noch einen Kilometer. Der hartnäckige Glaube an die eigene Vervollkommnungsfähigkeit wirkt Wunder und gibt einem das Gefühl, ein Auserwählter zu sein.

Wie hart man sich beim Training auch zu fordern glaubt, nichts ist vergleichbar mit dem, was ein richtiges Rennen einem abverlangt. Anfangs steigt man aus dem Rennen aus, wenn es zu sehr weh tut, man gibt auf. Doch mit der Zeit lernt man, daß es möglich ist, rein mit Willenskraft zu fahren. *Hau rein*, wird dir gesagt, und du stellst fest, daß du Kraftreserven hast, von denen du zuvor nichts ahntest. Du hängst dich rein. Du stellst fest, daß du weniger leidest, wenn du erreichst, daß andere noch mehr leiden, also setzt du zum Angriff an. Du labst dich an den Schmerzen der anderen: Ihre Schwäche macht dich stärker. Eddie Merckx – den wohl größten, aggressivsten Radsportler aller Zeiten – nannten sie im Peloton auf dem Höhepunkt seiner Leistungsfähigkeit den »Kannibalen«.

Das Leitziel des Rennfahrers ist es, dem Feld zu entkommen, einen Angriff zu starten und der Hauptgruppe davonzufahren. Manchmal tut man das zusammen mit anderen, geht mit anderen Fahrern ein befristetes Bündnis ein, manchmal tut man es allein. Um anzugreifen, muß man jedoch überzeugt sein, daß man schneller fahren kann als das Feld. Um das Peloton abzuschütteln, muß man also sicher sein, daß man allen Schmerzen zum Trotz weiterfahren und die Flucht durchhalten kann. Radrennen folgen einer klassischen Erzählstruktur – mit Anfang, Mittelteil und Ende –, und die Flucht ist ein wichtiges Mittel der Handlungsführung, eine

Frage des taktischen Urteilsvermögens, des Timings und der Psychologie. Doch vor allem muß man bereit sein zu leiden. Ich habe Freunde mit hängenden Schultern, verdrehten Augen und dem leeren Blick aus dem Krieg heimgekehrter Soldaten die Ziellinie passieren sehen. Und ich habe mich in dieser blanken Erschöpfung gespiegelt gesehen.

Zu Beginn des Filmes *Pee-wee's Big Adventure* träumt der Protagonist, er würde die Tour de France gewinnen. Nach wie vor in Anzug und Fliege, schießt er auf seinem geliebten roten Fahrrad über die Ziellinie, unter dem Beifall der die Prachtstraße säumenden Zuschauer und zur Verzweiflung der anderen Radprofis. Dieses liebevolle Pasticcio eines Fahrrad-Fetischisten hat einen wahren Kern, denn jeder, der einmal auf einem Rennrad gesessen hat, hat irgendwann davon geträumt, am *tête de la course* die Champs-Elysées entlangzufahren. Ein wenig hat man als Radrennfahrer an diesem Ruhm schon dadurch teil, daß man weiß, was es heißt, schnell und am Anschlag zu fahren. Man gehört der Gemeinschaft der Straße an, einem internationalen, demokratischen Club, bei dem die Mitgliedschaft kostenlos ist. Radrennen zu fahren ist ein Passierschein für ganz Europa: Ich selbst habe an Rennen in Spanien, Belgien und Irland teilgenommen. Um Mitglied zu werden, braucht man nur so gefahren zu sein, als sei es einem wirklich ernst. Und wenn man sich als Amateurfahrer auszeichnet, ist es wahrscheinlich, daß man irgendwann einmal mit Profis am Start steht. Nur wenige Radsportler schaffen es, ihre Träume zu verwirklichen, aber viele berühren zumindest den Saum des Stoffes, aus dem diese Träume gemacht sind. Jeder kann die Strecke der Tour fahren.

Die körperlichen Anforderungen, die Radrennfahrer an sich stellen, sind der Gesundheit wahrscheinlich eher ab- als zuträglich. Manche Leute sagen, jede Tour de

France verkürze das Leben der Teilnehmer um ein Jahr. Aber wenn man Rennen fährt, hat man das Gefühl, daß es das ist, worum es im Leben geht, daß genau darin der Sinn und Zweck des Lebens besteht. Vielleicht sind alle Radsportler einschließlich der Amateure, wie ich einer war, süchtig nach den Opiaten, die das Gehirn freisetzt, um die unangenehmen Begleiterscheinungen extremer Anstrengung abzudämpfen, aber noch süchtiger sind sie nach der Subkultur ihres Sports, seinem Geheimwissen und dem Gemeinschaftsgeist. Weit mehr als die Endorphine sind es die Mythen des Radsports, die sie nicht aufgeben können. Sie versuchen nicht, andere zu rekrutieren oder zu bekehren. *Warum machen wir das hier?* mag ein Rennfahrer dem anderen zuraunen, wenn das Feld an einem Landgasthof vorbeikommt, wo die Leute draußen zu Mittag essen und Bier trinken. Die Antwort ist, man will sich abheben, will sich auf einem sehr schwierigen Gebiet hervortun und dazugehören.

Radrennfahrer gehören einem Geheimbund an. Wenn sie bei ihren Trainingstouren auf der Straße aneinander vorbeifahren, grüßen sie sich, ohne die Hände vom Lenker zu nehmen, mit einer kleinen Bewegung der Finger oder einem kurzen Nicken. Wenn sie in der Gruppe fahren, verständigen sie sich durch ein beschränktes, aber völlig hinreichendes Vokabular aus Zeichen und Redewendungen. Ein Winken mit der Hand hinter dem Rücken weist die anderen Fahrer auf ein bevorstehendes Hindernis oder eine Gefahr hin. Wenn eine Ausreißergruppe sich die Arbeit des Tempomachens teilt, kann ein Fahrer mit einem einfachen Zucken des Ellbogens anzeigen, daß seine Schicht vorn im Wind beendet ist. Auf einer schmalen Landstraße warnte bei uns der Ruf *Oil up!* (Öl voraus!) die anderen vor einem sich nähernden Kraftfahrzeug. Das Wörterbuch des Radsportlers ist voll von französischen und italienischen Ausdrücken.

Bei einem Rundstreckenrennen kann es mehrere Zwischensprints geben, die man *primes* nennt, nach dem französischen Wort für Prämie oder Punkt. Ein junger Aspirant, der am Anfang einer langen Steigung ein zu hohes Tempo fährt, kann von einem erfahreneren Radsportler mit *Piano! Piano!* ermahnt werden. Wirklich aufregend wird es, wenn man den richtigen Zeitpunkt abwartet und dann losstürmt, um das Feld in einer Staubwolke hinter sich zu lassen. Wahrscheinlich bleibt man jedoch nicht lange allein. Bei einer Flucht werden Rivalen vorübergehend zu Verbündeten in dem Versuch, den Abstand zum Feld zu halten. Meistens übernimmt einer die Leitung und bringt die Ausreißer dazu zusammenzuarbeiten, abwechselnd vorn zu fahren, um das Tempo hoch zu halten und sich die Arbeit des Windschattengebens zu teilen. Irgendwann jedoch kommt der Moment, meist in der letzten Runde, in dem deine Partner bei der Flucht anfangen zu überlegen, wie weit es noch bis zum Ziel ist, wer noch gute Beine hat und wo sie am besten den Soloangriff starten. Das ist dann der letzte, verzweifelte Versuch. Der Ausreißergruppe auszureißen, darin besteht das Endspiel des Radrennens.

Die großen gelungenen Fluchten haben sich in mein Gedächtnis eingebrannt. Sie waren die großen Augenblicke meiner Radsportler-Laufbahn, Augenblicke, die ich immer wieder durchlebt, im Geiste immer wieder abgespielt habe wie ein Video. Diese Bilder bleiben, doch mit der Zeit sind sie unscharf geworden und scheinen mal ein Leben zu zeigen, nach dem ich mich immer noch sehne, das ich jedoch nicht mehr haben kann, und mal eines, das mir so fremd und unbekannt vorkommt, als wäre es das eines anderen. Es sind Bilder einer Flucht in eine andere Welt, eine Welt, die ich manchmal vermisse und deren Verlust ich zuweilen beklage, der schließlich entflohen zu sein ich jedoch zugleich dankbar bin.

1. Etappe

Schaff dir ein Fahrrad an.
Wenn du es überlebst,
wirst du es nicht bereuen.
Mark Twain

Eine Zeitlang gab es vier Fahrräder in meinem Leben.

Ich hatte eine Trainingsrad. Oberflächlich betrachtet sah es wie eine Rennmaschine aus. Es hatte nicht sehr steile Sattel- und Steuerrohrwinkel und Ösen für Gepäckträger und Schutzbleche, so daß es sich zum Tourenrad umrüsten ließ. Der Rahmen war aus Reynolds-531C-Rohren und metallic-grün lackiert – in dem sogenannten British Racing Green. Vorn auf der Gabel stand in weißen Abziehbuchstaben der Name des Herstellers: Cougar.

Außerdem hatte ich ein hellblaues Bahnrad, das in einem verrosteten Stahlcontainer hinter dem Herne-Hill-Stadion im Londoner Süden stand, der einzigen Bahn, auf der ich je gefahren bin. Dieses Rad war keine Schönheit, aber mit Miche-Kurbelgarnitur und Mavic-Felgen mit 24 Speichen erfüllte es durchaus seine Funktion.

Und dann hatte ich natürlich eine Rennmaschine. Wie viele Amateurfahrer hatte ich nicht das Geld, um mir mein Traumrad auf einen Schlag zusammenzustellen. In seiner endgültigen Form war es mehr als 1500 Pfund wert. Es veränderte sich ständig, denn ich sammelte es Stück für Stück zusammen. Den Roberts-Rahmen kaufte ich einem Mann ab, der in einem Fahrradgeschäft arbeitete und, von seinem Rabatt verführt, sein Konto überzogen hatte. Ich bekam ihn für 600 Pfund, ein guter Preis. Er war metallic-schwarz lackiert, und die erstklassigen Shimano-Komponenten, die dabei waren, waren allein schon so viel wert. Aber als ich allmählich mehr fuhr und meinen eigenen Stil fand, merkte ich, daß der Rahmen fast vier Zentimeter zu klein für mich war. Felgen, Bremsgummis, ja selbst Kettenglieder verschleißen und werden durch neue ersetzt, aber der Rahmen ist immer das Herz der Maschine.

Irgendwann kam dann der Tag, an dem ich mir einen maßgefertigten Rahmen leisten konnte. Das war, wie wenn man sich einen Maßanzug schneidern läßt. Ich mußte ein kompliziertes Formular ausfüllen, das der im Nordosten von London ansässige Rahmenbauer Phil Donohue an das Geschäft gefaxt hatte: Größe und Gewicht, Schrittlänge, Maße des Rumpfes, Armlänge von der Schulter bis zum Handgelenk und vom Ellbogen bis zu den Fingern. Er sollte aus Reynolds-653-Rohren bestehen, konifiziert und silbergelötet, um die perfekte Verbindung von geringem Gewicht und Stabilität zu erreichen.

Als der Rahmen sechs Wochen später eintraf, glänzte er makellos in Metallicrot und -blau – den Farben meines Clubs, dem Vélo Club de Londres. Er kam mir unglaublich leicht vor, selbst als er voll ausgestattet war mit Dura-Ace-Naben, -Bremsen und -Kurbelgarnitur, Mavic-Felgen, Cinelli-Lenker mit Korkband und Rolls-Sattel. Steif, bequem und schnell – der Donohue war alles, was man sich von einem Rennrad wünschen konnte. Sobald man aufs Rad stieg und die Pedalplatten einrasten ließ, spürte man seine Ausgewogenheit und Stimmigkeit, vor allem aber die geballte Energie darin, den inneren Drang nach Geschwindigkeit.

Später besaß ich auch noch ein Mountainbike. Ein Trekkingrad von der Stange aus der Zeit vor V-brakes und Federung, robust, aber sonst nichts Besonderes. Wenn man bedenkt, daß ich Mountainbiking einmal für eine Perversion der wahren Berufung des Radfahrers hielt, dann hat es mir doch gute Dienste geleistet.

Heute liegt auf meinen Rädern über dem Straßenschmutz von den letzten Malen, die ich mit ihnen gefahren bin, eine dicke Staubschicht. Das Bahnrad existiert nicht mehr, wurde an Clubkameraden verschenkt und ausgeschlachtet. Die übrigen Räder könnte ich so nicht fahren – die Reifen sind hinüber, die Schläuche verdorrt wie die abgestreifte Haut einer Schlange.

Nur die Rennmaschine, die immer am besten gepflegt wurde und jetzt zerlegt und eingepackt auf dem Dachboden liegt, befindet sich noch in ihrem ursprünglichen Zustand. Die Rennradhersteller führen für ihre Toprahmen jede Saison neue Stile und Materialien ein – letztes Jahr war es Aluminium, dieses Jahr ist es Carbon, nächstes Jahr ist es vielleicht Titan. Diese ständige Aktualisierung des Rennrads, die zum Teil von neuen Technologien, zum Teil aber auch von der Mode diktiert wird, geht einher mit einer unablässigen, absatzfördernden Weiterentwicklung der einzelnen Fahrradkomponenten. Bei aller Kunstfertigkeit, die Phil Donohue im Umgang mit Stahllegierungen besaß, würde meine alte Rennmaschine heute doch altmodisch und obsolet wirken.

Manchmal frage ich mich, was diese Reliquien meinen Kindern einmal bedeuten werden. Was werden sie ihnen über mein früheres Leben sagen? Ich weiß noch, wie aufregend es war, als mein Bruder und ich hinten in einem Schrank die alte Cricketausrüstung meines Vaters fanden. Er war seinerzeit ein guter Amateurspieler gewesen. Unzählige Samstag- und Sonntagnachmittage lang hatten wir als Kinder am Rand jener hübschen, von Bäumen gesäumten Cricketfelder gespielt, die über das ganze ländliche Südengland verstreut sind. In einer meinen frühesten Erinnerungen sitzt meine Mutter ein Stück weit vom Clubhaus entfernt auf einer Wolldecke – einem Gebäude, in das wir uns selten hineintrauten: Es war den Spielern vorbehalten, kräftigen, laut lachenden Männern in Zopfmusterpullovern.

Ich frage mich, wie wohl unsere Mutter diese langen Nachmittage fand. Ob ihr die ländliche Ruhe, das schleppende Tempo des Spiels, diese Atmosphäre kultivierter Bedeutungslosigkeit und die liebenswürdigen, zaghaften Gespräche mit den Ehefrauen der anderen Spieler gefielen. Oder graute ihr insgeheim jedes Jahr vor dem Sommer? Diese Nachmittage, die sich endlos dahinzogen, nicht als eine Reihe von beschaulichen Vergnügungen, sondern als eine Folge von langweiligen Hürden, die es in Gesellschaft zweier kleiner Kinder zu nehmen galt, die unterhalten werden wollten, während sie selbst sich als unfreiwillige Zuschauerin ein Spiel ansah, das für sie keinerlei Reiz besaß. Empfand sie dabei wohl jene tiefe innere Müdigkeit, die, wie ich heute weiß, frischgebackene Eltern oft überkommt, wenn ihnen klar wird: Das ist jetzt also mein Leben?

Nichts hätte meinen Vater mehr gefreut, als wenn ich in seine Cricket-Fußstapfen getreten wäre. Ich spielte in den Schulmannschaften, doch als ich älter wurde, erwies sich immer deutlicher, daß ich weder das Talent noch das Selbstvertrauen besaß, es zu meiner Sache zu machen. Ich sagte den Mannschaftsspielen ade und konzentrierte mich eine Zeitlang auf die Einzelsportarten Tennis und Golf. Doch als ich mit dem Studium begann, hatte ich jeden Wettkampfsport so gut wie aufgegeben. Ein paarmal nahm ich noch für mein College an einem Hockeyspiel teil, wobei ich vor und nach dem Spiel im Umkleideraum selbstgedrehte Zigaretten rauchte.

Mein Vater schluckte seine Enttäuschung hinunter. Er sprach kaum davon, erinnerte mich nur gern von Zeit zu

Zeit an mein Potential als Cricketspieler – das in seiner Vorstellung vielleicht schon immer größer gewesen war und jetzt, da er bedauerte, daß es ungenutzt verkam, erst recht. Ich brauchte eine Weile, bis ich das verstand. Wie jede oft wiederholte Erzählung erfahren jene Geschichten über uns selbst, die den Charakter eines Mythos haben und in denen sich unsere Verwandtschaft auf eine Weise ausdrückt, deren wir uns selten bewußt sind, im Laufe der Zeit subtile Verzerrungen. Es ist leicht, zuviel in die Fiktionen zu investieren, die das Leben erträglich machen.

An mein erstes Fahrrad kann ich mich kaum noch erinnern, doch ich erinnere mich gut, wie ich lernte, damit zu fahren. Richtig, ohne Stützräder. Ich war fünf oder sechs. Vielleicht hatte das Radfahren für mich von Anfang an einen romantischen Beiklang, denn ich bekam es von der jungen französischen Studentin beigebracht, die zu jener Zeit bei uns wohnte. Dominique war halb Studentin, halb Freundin der Familie. Ich lernte das Radfahren auf dem abschüssigen Rasen in unserem Garten, begleitet von Ausrufen wie *Allons-y! Très bien! Attention!*, während ich mich so sehr darauf konzentrierte, das Gleichgewicht zu halten, daß ich vergaß zu bremsen und in die Büsche fuhr.

Anfangs war ich ziemlich ängstlich. Dominique verlor schnell die Geduld mit mir, und ihr Unterricht bestand bald weniger aus Instruktionen als daraus, mich zu beschämen. Ich sei alt genug, um richtig radzufahren, *uie ein großär Jungä, ohnä diesä kleinen Rädär.* Auf diese Weise zu etwas mehr Kühnheit angespornt, zwang ich mich schließlich, wacklig loszufahren.

Doch sobald ich auf meinem Rad fahren konnte, gab es für mich kein Halten mehr, und ich stürmte davon. Das Gefühl von Befreiung, das sich einstellte, wenn der Boden unter mir zu verschwimmen begann, war so deutlich spürbar wie der Wind, der an meinem Gesicht vorbeirauschte – jenes Glück der Geschwindigkeit, das in dem französischen Wort *vélo* so gut zum Ausdruck kommt (und das der englische, empiristische Ausdruck *bicycle* typischerweise ignoriert).

Mit dem Fahrrad den Gehweg vor unserer Auffahrt hinunterzurasen wurde für mich bald zum Inbegriff des Vergnügens, wobei die Gefahr zu stürzen den Reiz nur noch erhöhte. Die Sportplätze hinter unserem Haus mit den asphaltierten Tennisplätzen, den Betonwegen und hohen Grasböschungen dort, wo der Boden planiert worden war, bildeten einen riesigen Abenteuerspielplatz in sicherer Entfernung von der Straße. Im Sommer hinterließen die Rasenmäher große Grasklumpen, die aussahen wie Miniaturheuballen. Die Kinder aus unserer Straße trugen sie am Fuße einer der steilen Böschungen zu einem großen Haufen zusammen und formten daraus eine Rampe. Dann sausten wir in einer Geschwindigkeit hinunter, die uns lebensgefährlich erschien, setzten mit einem furchterregenden, in den Bauch gehenden Schlag unten auf und schossen über die Grasrampe hinaus.

Bevor man durch die Luft flog, hatte man den Bruchteil einer Sekunde Zeit, daran zu denken, den Lenker hochzureißen, damit man sicher auf dem Hinterrad oder beiden Rädern gleichzeitig landete. Selbst auf dem Höhepunkt unserer Verwegenheit schaffte keiner von uns sehr viel mehr als einen Sprung von einem Meter, doch auf unseren Rädern mit den kleinen Felgen war das weit genug. Und wenn man sehr schief oder auf dem Vorderrad landete, bestand immer die Gefahr, daß man sich an den Pedalen die Schienbeine aufriß oder mit dem Bauch auf den harten Untergrund aufschlug und sich die Glieder verrenkte.

Einmal bin ich gestürzt, als ich eine dieser Böschungen nicht etwa hinunterfuhr, sondern nur hinunterlief.

Mit fliegenden Beinen wie eine Karikatur, unfähig, mit meinem eigenen Schwung Schritt zu halten, knallte ich unten der Länge nach hin und stand zwar nicht mit Schmerzen, aber mit der Empfindung auf, daß mit meiner Hand irgend etwas Unheimliches, Übelkeiterregendes geschehen war. Als ich hinabsah, klaffte unter dem Daumen eine tiefe, vier Zentimeter lange Wunde. Es sickerte rot heraus, und ich sah, daß es ein so sauberer Schnitt war wie von einem Skalpell – außer, daß an einem Ende der fein gezackte Rand eines langen Grashalms hervorsah. Fasziniert und entsetzt zugleich, zog ich den Grashalm heraus, und als die Wunde dann stärker zu bluten begann und das rote Zeug mir kitzelnd übers Handgelenk lief, hoffte ich, sie müßte genäht werden. Das war nicht nötig, doch es blieb eine Narbe zurück, eine Ad-hoc-Verlängerung meiner Lebenslinie.

Einer meiner Freunde auf den Sportplätzen hatte einen Chipper, eine verkleinerte Version des Chopper oder Bonanzarads. Mit dem hohen Lenker, dem Kunstledersattel im Easy-Rider-Stil und der mittig montierten 3-Gangschaltung war der Chopper tough und cool. Vor allem Jungen aus den Mietskasernen sah man damit den Bordstein rauf- und runterspringen und auf dem Hinterrad fahren. Der Chipper war der kleine Bruder des Chopper.

Obwohl wir die Antwort im voraus wußten, bettelten wir bei unseren Eltern um solche Räder. Erwartungsgemäß bekamen wir zu hören, daß diese Räder *nicht sicher* seien. Damit meinten sie natürlich, daß Chopperräder nichts für Kinder aus gutem Hause seien. Der Chopper war so sehr ein Affront gegen das, was sich verantwortungsvolle Erwachsene unter einem richtigen Fahrrad vorstellten, daß die Zeitungen besorgt darüber berichteten, wie viele Kinder verstümmelt würden, weil diese neumodischen Räder von Natur aus instabil seien. Doch als Junge in den siebziger Jahren interessierte einen nur, daß sie cool aussahen und ideal dafür waren, auf dem Hinterrad zu fahren.

Um einen guten Wheelie hinzulegen, bei dem man mit dem Vorderrad in der Luft weiterfuhr, brauchte man viel Gespür und Geschick. Der Trick bestand darin, an einem Ort zu üben, wo niemand sah, was man falsch machte. Ich war nie besonders gut im Wheelie-Fahren, aber ich hatte ja auch nie einen Chopper. Die Entwicklung zum rebellischen Teenager setzte bei mir mit einer anderen Art Gefährt ein: dem Skateboard. Skandalöserweise verschleuderte ich das ganze Geld auf meinem Postsparbuch für das beste Brett, das ich mir leisten konnte. Verbissen arbeitete ich an meinen 180ern und 360ern, doch schon bald wurde klar, daß ich nie einer von den coolen Jungs sein würde, derentwegen die Leute zu der weißen Schüssel des Southwick Skateparks bei Shoreham kamen – so hieß der Betongarten, in dem ich mir Knie und Ellbogen aufschürfte.

Inspiriert von der Idee, vom natürlichen Reichtum der Natur zu leben – wie in meinem *Survival-Handbuch* dargelegt –, wechselte ich zum Angeln. Ich war begeistert von der unausgesprochenen Prämisse dieses Buchs: der abenteuerlichen Vorstellung, Schiffbruch erlitten oder sich verirrt zu haben oder ausgesetzt worden zu sein. Das entsprach ganz dem Jungentraum, in der Wildnis zu leben, auf sich allein gestellt zu sein in einer Welt voller Verheißungen und Gefahren, in der man wissen mußte, wie man einem Kaninchen das Fell abzieht, und in der niemand einen zum Zähneputzen ermahnte. Dank dieses Ansporns lernte ich, meine Zimperlichkeit zu überwinden – einem Seeringelwurm den Haken durch das raubgierige Maul zu jagen und ein Kebabstück von seinem Körper abzuschneiden. Dennoch dauerte es lange, bis ich meinen ersten und einzigen Fang machte, vom Pier in

Penzance, während wir in Cornwall Ferien machten. Es war ein Dorsch, höchstens ein Kilo schwer. Während ich die Leine einholte, flappte er verzweifelt an der Angel. Als er über die Brüstung schwang, sah ich, daß der Haken im Bauch steckte. Es kam mir wie Betrug vor, als hätte ich ihn durch einen miesen Trick an Land gezogen. Während ich ihn in der Plastiktüte heimtrug, setzte die Totenstarre ein. Ich konnte ihn kaum ansehen, geschweige denn essen. Er wanderte am nächsten Tag in die Mülltonne.

All diese Dinge hatten mit einem solchen Begeisterungstaumel begonnen, daß ich einem Besessenen glich, der keine Einwände gelten und sich durch nichts von seinem Ziel abbringen ließ. Ich hatte jedesmal eine idealisierte Vorstellung davon, wie ich dieses Ziel erreichen würde. Doch wenn dieses vollkommene Erlebnis dann ausblieb, breitete sich in mir Ernüchterung aus. All meine Projekte liefen sich schließlich in einem Gefühl der Enttäuschung tot, das ebenso schwer zu fassen war wie das ursprüngliche Ideal. Das eine, was diese Abfolge von Manien in meiner Teenagerzeit überlebte – auch wenn ich es nicht so sah –, war mein Fahrrad. Oft nicht beachtet und vernachlässigt, ja monatelang nicht angerührt, war es doch immer da: mein Raleigh Jubilee.

Das Raleigh mit dem silbernen Rahmen und den rotweiß-blauen Details war eines aus einer limitierten Serie, die zum silbernen Jubiläum der Queen produziert worden war. Mein Vater hatte es mir aus zweiter Hand gekauft, als es höchstens zwei oder drei Jahre alt war. Irgendwann fand ich eine silberne Luftpumpe mit dreifarbigen Streifen, die zu den halb abgekratzten Buchstaben auf dem Rahmen paßten. Das sich ablösende schwarze Kunststoffband am Lenker ersetzte ich durch ein neues königsblaues Stoffband. Mein Bruder war angenehm neidisch.

Raleigh war *die* Marke für ernstzunehmende Fahrräder, und dies war ein echtes Rennrad mit nach unten gebogenem Lenker und zehn – zehn! – Gängen. Ich ließ die Kette die ganze Zeit auf dem großen Blatt, denn ich dachte, das kleine sei nur etwas für Schwächlinge. Ich fuhr es also, als wäre es ein Rad mit fünf Gängen. Es fühlte sich richtig echt an: Ich duckte mich tief, zog den Kopf ein, legte die Ellbogen an und flog die Hügel hinunter wie ein Skifahrer.

Wenn es naß war, mußte man vorsichtig sein. Dann wurden die verchromten Laufräder glatt und machten das Bremsen zu einer verzweifelten, krampfhaften Angelegenheit. Man zog die Bremshebel, und nichts passierte. Man zog stärker, und es passierte immer noch nichts. Dann fingen die Bremsgummis plötzlich an zu greifen, und wenn man es schaffte, nicht ins Schlingern zu geraten, kam man schließlich vibrierend zum Stehen.

Trotz der Sonderserie-Beschriftung war das Jubilee wie die meisten Produkte von Raleigh letztlich ein Rad für die Masse. Es war für den einheimischen Käufer gedacht, der es für Verschwendung gehalten hätte, für ein Fahrrad mehr als zweihundert Pfund auszugeben. Ich kam nie auf die Idee, daß es noch bessere Fahrräder geben könnte als dieses mit seinem robusten, aber plumpen Stahlrahmen, bei dem einem beim kleinsten Hubbel in der Straße ein Stoß durch Hände und Gesäß fuhr.

Unter den mir bekannten Mitgliedern unserer Familie oder den Freunden meiner Eltern gab es keine passionierten Radfahrer. Niemandem von uns war auch nur dunkel bewußt, daß die Tour de France im Jahr 1974 für eine Etappe nach Großbritannien gekommen war. Bei dem Status, den der Radsport in unserem Land besaß, erwies sich dies als keine sehr glückliche Entscheidung. Die Popularität von Straßenrennen hatte bei uns damals wohl den tiefsten Stand des Jahrhunderts erreicht. Bahnrennen genossen noch ein gewisses Ansehen, was sich vor allem den legendären Erfolgen Reg Harris' verdankte. Doch selbst diese gingen allmählich in den nebelhaften Bereich der Volksüberlieferung ein. Nur wenn sonst nicht viel los war, wurden in der Sportsendung des BBC vor dem Halbzeitstand der Fußballspiele noch kurz ein paar Höhepunkte von der Landesmeisterschaft im Bahnrennen eingeschoben.

Straßenrennen waren seit Jahren praktisch verboten, weil sie den Verkehr behinderten, und die einzige Wettkampfform, die es noch gab, war das Zeitfahren. Beim Zeitfahren handelt es sich, milde ausgedrückt, um eine unspektakuläre Form von Radrennen, bei der die Teilnehmer in einem Abstand von einer Minute losgeschickt werden, um auf einer bestimmten Strecke gegen die Uhr zu fahren, meist hin und zurück auf demselben Streckenabschnitt, oft auf einem abgelegenen Stück Landstraße. Wegen ihrer zweifelhaften Legalität fanden Zeitfahren in den frühen Morgenstunden statt, so daß sie bis acht, wenn die Ortspolizei gerade das Frühstück beendete, bereits vorbei waren. Als weitere Vorsichtsmaßnahme wurde bei der Ausschreibung eines solchen Wettkampfs in der Radsportpresse die Strecke, auf der das Rennen stattfinden sollte, nur mit einem Codenamen bezeichnet, der wie eine Straßennummer klang, aber keine war. Dank dieses halblegalen Status des Zeitfahrens wurde die Tradition des Straßenrennens in Großbritannien von einer geheimen Gemeinschaft am Leben erhalten, wenn auch unter Ausschluß der Öffentlichkeit. Es war eine Form des Radsports, die mürrische, phlegmatische, engstirnige Typen hervorzubringen schien: Ein Mensch, der am Sonntagmorgen um halb fünf aufsteht, um ein Fünfundzwanzig- oder Fünfzig-Meilen-Rennen zu fahren, ist keine Stimmungskanone bei der Party am Samstagabend.

Zeitfahren gehörten nach wie vor zum Repertoire jedes Radrennfahrers, denn bei fast jedem Etappenrennen gibt es mindestens eine Zeitfahretappe. Weil es eine reine Prüfung der Schnelligkeit des einzelnen Fahrers ist, wird das *contre la montre* manchmal das Rennen der Wahrheit genannt. Insofern hat die britische Zeitfahrtradition den Vorteil, daß sie die wirklich talentierten Fahrer herauspickt. Und so schien Großbritannien wie durch eine Laune der Natur auch immer wieder einen Radsportler hervorzubringen, der auf dem Kontinent als Profi Karriere machte. In den sechziger Jahren war Tommy Simpson die große Hoffnung unter den Weißen, bis er bei der Tour von 1967 an den glutheißen Mondlandschaft-Hängen des Mont Ventoux durch amphetaminbedingtes Herzversagen vorzeitig starb. Ein weiterer britischer Radsportler, der einen Platz im Peloton errang, war Barry Hoban, auch wenn sein Name nicht jedem ein Begriff ist. Er nahm 1974 an der Tour teil, als der ganze Troß mit der Fähre in Plymouth eintraf.

Da den *rosbifs* der Gedanke, daß man für ein Radrennen eine Straße absperren könnte, völlig fremd war, ließen sie die Teilnehmer der Tour auf einer gerade fertiggestellten, aber noch nicht freigegebenen Landstraße in Devon gegeneinander antreten. Während die Tour normalerweise durch eine wechselnde französische Landschaft rollte, in der ganze Städte und Dörfer Spalier standen, um ihren vorbeifahrenden Helden zuzujubeln, war sie hier zu einer grimmigen Jagd auf einem windgepeitschten Stück Landstraße reduziert, auf dem die Sportler unter den Augen eines spärlichen Publikums hin- und herfuhren. Es war typisch siebziger Jahre, ein typisch britischer fauler Kompromiß: Die Fahrer waren empört, und die Tour kam zwanzig Jahre lang nicht mehr nach Großbritannien zurück.

Meine erste Tour der France sah ich mit fünfzehn. Es war in den Schulferien, Ende Juli, und ich war zu Besuch bei Dominiques Familie in Paris. Ich hatte gerade die Prüfungen nach der zehnten Klasse absolviert. Auf dem Papier war mein Französisch nicht schlecht, aber ich war in einem Alter, in dem der Versuch, irgend etwas zu äußern, und sei es in meiner Muttersprache, einer mittelalterlichen Tortur glich. Verzweifelt nach etwas suchend, das man mit diesem wortkargen Teenager unternehmen konnte, ging Dominique sich eines Sonntags mit mir das Finale der Tour de France auf den Champs-Elysées ansehen. Wir mischten uns beim Arc de Triomphe unter die Menge, dort, wo die Fahrer auf der Allee herangerast kommen, scharf abbremsen, vorsichtig im Halbkreis um den Mittelstreifen herumfahren und dann zur nächsten Runde auf der anderen Seite zurückstürmen.

Die Menge stand zehn Reihen tief an den Absperrungen, und obwohl wir versuchten, uns vorzudrängeln, erinnere ich mich nicht, auch nur einen Fahrer gesehen zu haben. Während ich versuchte, mich nach vorne durchzuschlängeln, wurde ich von Dominique getrennt, die sich von dem schlimmsten Gedränge fernhielt. Es war ein warmer Nachmittag, und zwischen all den eingezwängten Körpern war es noch heißer. Ich spürte einen gewissen Druck von hinten, als wenn dort noch jemand versuchte, sich durchzudrängen. Obwohl ich von allen Seiten eingekeilt war, versuchte ich, der Person Platz zu machen, doch statt sich vorbeizuschieben, klebte die Masse wie festgenagelt in meinem Rücken. Ich beschloß, dem Druck standzuhalten, in der Annahme, es wäre nur ein Schwanken, das sich in der Menge von Körper zu Körper fortsetzte, eine Welle, die irgendwo anders entstanden war und bald verebben würde.

Doch der Druck hielt an, drang hartnäckig auf mich ein. Allmählich wurde es mir unangenehm und ärgerte mich, so daß ich den Kopf drehte, um zu sehen, woher der Druck kam. Hinter mir stand ein ziemlich großer, stämmiger Mann mittleren Alters in einem frisch gebügelten, kurzärmeligen Hemd. Er trug eine Sonnenbrille mit selbsttönenden Gläsern, die unten heller als oben waren, und als ich mich umdrehte, sah er mich lächelnd an.

– *Bonjour.*

– *Bonjour,* erwiderte ich, wobei mich abwandte und mir zum erstenmal ernsthaft wünschte, es wären ein paar Radfahrer zu sehen.

– *Vous êtes allemand?* fragte er.

– *Non. Je suis anglais.*

– Ah, Ängliisch. Und lebst du hier?

– *Non,* sagte ich, entschlossen an meinen Vorsatz festhaltend, nichts anderes zu sprechen als Französisch, aber ausnahmsweise froh über die Sprachbarriere. – *Je me rends visite à mes amis.*

– Wohnen sie hier in der Nähe?

In dem Moment hörte ich Dominique von hinten meinen Namen rufen.

– *Matthieu! ... Matthieu, c'est fini, je crois. Allons-y!*

Erleichtert schob ich mich durch das Gedränge dorthin, von wo aus sie mir gewunken hatte.

– *Bien. Tu as fait un nouvel ami?* fragte sie, wobei sie mich mit einem ironischen Lächeln ansah.

– *Oui. Un peu trop,* sagte ich, das Gesicht verziehend.

Sie lachte, und erst da erlaubte ich mir zu begreifen, warum sich oder, besser gesagt, was der Mann mit der Sonnenbrille an mich gedrückt hatte.

Zwei Jahre darauf lernte ich Autofahren. Ich hatte aufgehört zu wachsen. Ich war siebzehn, knapp eins achtzig groß und ließ mir Koteletten stehen, um in Pubs leichter ein Bier zu bekommen. Mein Fahrrad, das Raleigh, stand hinten in der Garage und verstaubte. Ich war zu dem

Schluß gekommen, daß es zu klein für mich war. So oder so kam es mir kindisch vor. Jetzt war das Auto für mich das Höchste. Wer würde nicht lieber Auto fahren? Und vor allem, wer würde mit einem Jungen ohne Auto ausgehen wollen?

Ich durfte den Wagen meiner Mutter nehmen. Das Problem war, ich hatte immer noch keine Freundin. Ein paarmal hatte es fast geklappt, aber das Glück war mir nicht richtig hold, bis ich schließlich aufs College kam und wieder auf mein altes Raleigh-Rad stieg. Ausgemottet, mit seinen Farben von 1977 im Zustand ewiger Jugend erhalten, sah es immer noch wie ein tolles Fahrrad aus. Verglichen mit den quietschenden Rostschleudern, die schon mehreren Generationen von Cambridge-Studenten als Fahruntersatz gedient hatten und die man fast nicht abzuschließen brauchte, da es ein Akt der Barmherzigkeit gewesen wäre, sie zu stehlen, war mein Raleigh-Rad eine Rakete. Auch wenn das niemanden außer mir interessierte.

Ich hatte angefangen, zu den Versammlungen der studentischen Linken zu gehen, die in einem Raum über der Bar des King's College stattfanden. Ich hatte keine sehr klar definierte politische Einstellung, darum hielt ich den Mund und lauschte den Politikussen, die ihren Standpunkt gefunden hatten. Alles, was ich wußte, war, daß ich Angst hatte vor einem Atomkrieg. Ich wurde Mitglied der Campaign for Nuclear Disarmament und beteiligte mich an einer großen Demonstration in Barrow-in-Furness gegen britische Atom-U-Boote. Ich saß weiterhin stumm in den Versammlungen und drehte krautige, kleine Zigaretten aus einer Fünfzehn-Gramm-Packung Old Holborn. Praktisch jeder schien dort zu rauchen. Als die Mittagspause zu Ende war, hing eine grau-braune Dunstwolke im Raum. Ruth erzählte mir später, daß sie mich cool und einschüchternd fand, wie ich so dasaß und selbstgedrehte Zigaretten rauchte mit meinem gebleichten Haar und meinem Secondhand-Regenmantel. Ich konnte das kaum glauben.

Ruth war mir schon bei einer meiner ersten Versammlungen aufgefallen. Sie war auch nicht zu übersehen. Sie war groß und redete viel und hatte buschiges, lockiges Haar, das in alle Richtungen abstand, außer wenn es ihr gelungen war, es unter eine Baskenmütze zu zwängen, was sie manchmal tat. Oft trug sie ein weites Kleid mit einem klecksigen Schwarzweißmuster und darüber zur Krönung eine kleine rosarote Strickjacke. Beides verhüllte ihre Figur bis zur Unkenntlichkeit, aber sie war groß genug, um trotzdem gut auszusehen.

Sie hatte ein ungewöhnliches Gesicht: einen vollen Mund mit regelmäßigen Zähnen, eine breite, flache Nase und kleine, ein wenig asiatische Augen. Sie war nicht hübsch im konventionellen Sinn, aber faszinierend anzusehen. Jemand mit Ausstrahlung. Sie sagte mehr als alle anderen Frauen, die zu diesen Versammlungen erschienen, und wenn sie sprach, schürzte sie die Lippen, so daß man die Zähne sah, und manchmal zitterte ihr leicht die Stimme. Zuweilen war sie nervös, aber das hielt sie nicht davon ab, das Wort zu ergreifen. Sie war brummig, aber sie hatte Charisma.

Wir begannen, uns in denselben Kreisen zu bewegen. Unser erstes richtiges Gespräch führten wir in einer wöchentlichen Disko des Labour Club in einem engen Schuppen nicht weit vom Market Square, die sich Rosa's nannte, denn wenn Rosa Luxemburg 1984 in Cambridge studiert hätte, dann hätte sie natürlich für die Labour-Studenten aufgelegt. Ich nahm Ruths Flatterhaftigkeit wahr und fragte mich anschließend, ob ich wohl zu fügsam gewesen war, zu schnell zugestimmt und nach Übereinstimmungen gesucht hatte, anstatt mich zu behaupten. Aber sie hatte auch so reagiert. Keiner von uns beiden blieb lange da. Ich ging nach Hause auf mein Zimmer, voll Erstaunen darüber, wie falsch meine Vorstellung von ihr als komplizierter, unnahbarer Frau gewesen war, und von der Hoffnung getragen, daß wir uns vielleicht besser kennenlernen würden. Aber diesmal würde es anders sein: Ich war entschlossen, nichts zu überstürzen.

Ich brauchte nicht lange zu warten. Eine Woche darauf feierte jemand, den wir beide kannten, ein Fest. Wir waren mit einer kleinen Clique dort, und wir tanzten den ganzen Abend zusammen. Die Musik war zu laut, um sich zu unterhalten. Normalerweise haßte ich das: Irgendwann wurde ich das Tanzen leid und sehnte mich nach verbaler Interaktion, aber an diesem Abend störte es mich nicht. Ruth sah phantastisch aus. Sie trug Kajal und knallroten Lippenstift. Ich hatte sie noch nie geschminkt gesehen. Vor allem trug sie einen sexy Minischottenrock und schwarze Strumpfhosen. Es war noch nicht spät, als die Party sich auflöste, und unsere Gruppe beschloß, noch zu Ruth zu gehen, die mit anderen zusammen in einem Haus wohnte. Es lag nur zehn Gehminuten entfernt, und nicht alle von uns hatten ein Fahrrad, so daß Ruth ihres schob. Es war ein solides Damenrad mit drei Gängen, das vorn einen weißen Drahtkorb für Bücher und Mappen hatte.

Wir tranken in der Küche Tee und aßen Toast mit Erdnußbutter. Allmählich klang der Abend aus, und die Freunde brachen einer nach dem anderen auf, und Ruths Mitbewohner gingen schlafen. Schließlich saßen nur noch Ruth, ich und dieser eine Typ in der Küche. Ruth fing an abzuwaschen, aber er war zu betrunken, um den Wink zu verstehen, so daß sie nach einer Weile aufhörte und ihn klar und deutlich heimschickte. Dann waren wir allein. Auf einmal war ich vor Aufregung wie gelähmt.

Schweigen senkte sich über die Küche herab. Immer noch Geschirr spülend und mit dem Rücken zu mir, fragte Ruth mich:
– Und? Willst du hierbleiben?

Die darauffolgenden Wochen und Monate verbrachten wir damit, einander kennenzulernen, uns mehrmals fast wieder zu trennen, uns langsam ineinander zu verlieben. Eine Beziehung war etwas völlig Neues für mich, etwas, worauf ich nicht im geringsten vorbereitet war – es war ein Crashkurs in emotionaler Bildung. Kein Mensch hatte mir je erklärt, wie bizarr und schwierig es war, in einer intimen Beziehung zu einem anderen Menschen zu stehen. Doch als unser letztes Studienjahr begann, hatten wir eine Art stabilen Zustand erreicht. So unmodern das damals in unseren Kreisen war – wir waren ein Paar.

Wir fuhren überall zusammen mit dem Rad hin, zuerst in Cambridge und dann auch später in London, als wir beide mit dem Studium fertig waren und eine Stellung gefunden hatten. Wie alles, was wir übereinander lernen mußten, erforderte auch dies Geduld, List und Kompromißbereitschaft. Ruth beschwerte sich jedesmal, daß ich zu schnell wäre. Und tatsächlich, wenn ich vorn fuhr, schien ich sie immer abzuhängen, egal, wie langsam ich in die Pedale trat. Ich hatte natürlich den Verdacht, daß sie extra langsam fuhr, um zu beweisen, daß sie recht hatte. Ach komm, du wirst immer langsamer, protestierte ich ein-, zweimal. Doch sie wies den Vorwurf vehement zurück. Manchmal versuchte ich, neben ihr zu fahren, um ihr Gesellschaft zu leisten, doch das schien sie nervös zu machen wegen des Verkehrs. Sobald ein Auto in Sicht kam, scheuchte sie mich weg. Schließlich funktionierte es am besten, wenn ich sie vorn fahren ließ. Solange sie das Tempo vorgab, rollten wir zügig genug dahin, und ich war glücklich und zufrieden.

2. Etappe

Der Sozialismus kann nur
mit dem Fahrrad kommen.
José Antonio Viera Gallo

In London wohnten Ruth und ich die ersten paar Monate in Kentish Town, einen Stock über ihrer Schwester. Die Wohnung gehörte einem Filmemacher, der zum Großteil in den USA lebte, und die Einrichtung stammte noch aus den siebziger Jahren. Im Wohnzimmer lag unter einem Sofatisch mit Rauchglasplatte ein dickfloriger, brauner Teppich. In einem Schrank hing ein grandioser Schaffellmantel, und die Wände schmückten große Porträts von blutjungen indischen Prostituierten, deren melancholischer Blick auf die Dauer schwer zu ertragen war. Nach ein paar Tagen hängten wir die Bilder im Schlafzimmer ab.

Ich fuhr mit dem Fahrrad zur Arbeit, durch Camden und an St. Pancras vorbei nach Bloomsbury. Ich hatte mich endlich von meinem ramponierten Raleigh-Rad getrennt und es bei einem Freund in Cambridge gelassen, der noch ein armer Student war und es mit Freuden zu nehmen schien. Dabei stand ich eigentlich auch nicht viel besser da. Nach dem Collegeabschluß hatte ich zu meinem eigenen Erstaunen gleich die erste richtige Stellung bekommen, für die ich mich beworben hatte – als Redaktionsassistent bei einem Verlag für Nachschlagewerke in Cambridge. Fast alle dort waren ehemalige Studenten, die ihre Doktorarbeit schreiben wollten, den Job genommen hatten, um sich über Wasser zu halten, als ihr Stipendium auslief, und dann hängengeblieben waren. Es waren alles intelligente, interessante Leute, doch diese kollektive Zwangslage erfüllte mich mit Grauen. Ich wußte, diesem Schicksal mußte ich irgendwie entfliehen.

Als man mir einige Monate darauf eine Stellung bei Lawrence & Wishart in London anbot – dem 1936 gegründeten Hausverlag der Kommunistischen Partei Großbritanniens –, feierte ich dies, indem ich mein Konto noch weiter überzog, um zweihundert Pfund für ein neues Straßenrennrad zu verprassen, das ich bei F. W. Evans an der Waterloo Station kaufte. Ich war praktisch noch ein Neuling, was Fahrradgeschäfte betraf, wußte jedoch genug, um sagen zu können, daß Evans ein Laden für ernsthafte Radfahrer war. Das sah man daran, daß vorn im Laden keine Reihen von billigen Mädchen- und Jungenfahrrädern standen. Das Rad, das ich kaufte, stammte aus Evans' eigener Produktion. Das erschien mir vernünftig, denn mit der verwirrenden Zahl von No-Name-Rädern kannte ich mich nicht aus. Das Rad war glänzend weiß und hatte einen Rahmen aus 501-Rohren. Die Gangschaltung und die Bremsen – beides Shimano 105 – waren aus einer leichten Legierung. Das Schaltwerk war mit seiner elegant geschwungenen Form und den versenkten Inbusschrauben mit dem alten Huret-Modell meines Jubilee gar nicht zu vergleichen. Die Kette gab kaum einen Laut von sich, während sie von Zahn zu Zahn kletterte. Auch die Laufräder waren aus einer Legierung. Sie bremsten viel besser bei Nässe und waren unglaublich robust. Anfangs fuhr ich nach jedem Schlagloch an den Rand und hielt mit einem flauen Gefühl im Magen an, überzeugt, daß die Felge eingedellt oder verzogen war. Die Felgen meines alten Raleigh hatte ich ab und zu mit dem Hammer traktiert, um sie notdürftig zu richten. Aber diese Räder schienen fast unzerstörbar zu sein. Zum erstenmal in meinem Leben besaß ich ein Fahrrad, bei dem ich fest entschlossen war, es zu pflegen, es so weit wie möglich in seinem ursprünglichen Zustand zu erhalten.

Mein weißes Evans wohnte im Hausflur, neben Ruths Rad – dasselbe, das sie als Studentin gehabt hatte. Ich fuhr über Bayswater, oben am Hyde Park und dann die ganze Oxford Street entlang zur Arbeit, schlängelte mich an den Bussen vorbei, wich den Fußgängern und wendenden Taxis aus. Die Luft war geschwängert von Abgasen und Dieselruß. Obwohl ich bald lernte, was alle Radfahrer in der Stadt irgendwann automatisch tun – die Luft zu prüfen, bevor man sie einatmet, und den Atem anzuhalten, wenn sie schlecht ist –, mußte ich mir doch das Gesicht waschen, wenn ich im Büro eintraf, nicht nur um mir den Schweiß, sondern auch um den Ruß abzuwaschen.

Als ich das ungefähr zwei Monate lang getan hatte, wurde ich eines Tages auf dem Heimweg von einem Taxi angefahren, das unvermittelt abbog. Es war offensichtlich nicht meine Schuld: Der Fahrer zog nach links, ohne zu blinken. Dennoch hatte es zweifellos etwas mit meiner Unerfahrenheit zu tun – einem Mangel an Voraussicht, was die möglichen Fehler der anderen betraf. Der Fahrer war ein rotblonder Mann in den Vierzigern mit dermaßen schlechten Zähnen, daß man sich zusammennehmen mußte, um nicht ständig hinzustarren. Er war selbst ganz mitgenommen und redete wie ein Wasserfall, während er mir aufhalf, mir den Dreck abklopfte und mich und mein Fahrrad mit seinem Taxi nach Hause fuhr. Mir war nicht viel passiert, auch wenn meine eine Wange krebsrot war und mir der Kiefer weh tat von dem seitlichen Aufprall auf seinen Wagen. Ich tat mein Bestes, um ihn zu beruhigen. Er schien fast einen größeren Schock davongetragen zu haben als ich.

Wir tauschten Adressen aus, und eine Woche darauf schickte ich ihm eine Rechnung für die Reparatur meiner verbogenen Gabel und des verzogenen Vorderrads. Ich bekam keine Antwort. Schließlich rief ich ihn an. Er hatte meinen Brief erhalten, aber inzwischen hatte er offenbar die Angst, seinen Taxischein zu verlieren, überwunden.

– Junge, das ist nicht dein Ernst. So ein Vorderrad kostet doch keine vierzig Mäuse.

Ich sagte, ich könnte ihm die Quittung von dem Fahrradladen schicken, aber er wollte davon nichts hören.

– Ach, leck mich, sagte er fröhlich und knallte den Hörer auf die Gabel.

Zumindest brauchte ich nicht weit zu laufen, um mein Rad reparieren zu lassen. Einer der wichtigsten Markierungspunkte in unserer Gegend war der Fahrradladen in der All Saints Road. Die All Saints Road im Norden von Notting Hill war die Front: Ihr Ruf als Stützpunkt des Drogenhandels führte zu einer starken Polizeipräsenz, die sie wiederum zum Schauplatz ritueller Konfrontationen zwischen schwarzen Aktivisten und der Obrigkeit werden ließ. Als Teil einer Strategie der totalen Überwachung waren eine Zeitlang an jeder Kreuzung zwei Polizeibeamte postiert.

Ninons Fahrradgeschäft stach deutlich aus der Reihe von heruntergekommenen Läden und schmuddeligen Cafés hervor. Ninon schien kaum Fahrräder zu verkaufen. Es gab keine Ausstellungsfläche und keine ausgestellten Räder. Statt dessen schien der Laden durch Reparaturen und den Verkauf von Teilen zu laufen. Im Keller arbeitete ein Rahmenbauer. Manchmal, wenn man gerade im Laden war, kam er blinzelnd herauf, um einen Kaffee zu trinken oder einfach mit Ninon und den Jungen, die bei ihr arbeiteten, zu plaudern. Da ich nicht wußte, warum man sich einen Rahmen extra von einem

Rahmenbauer anfertigen ließ, wagte ich mich niemals in sein Reich hinunter. Ich stellte es mir als einen engen, stickigen Keller vor, in dem es nur künstliches Licht gab und höllisch nach Hartlot stank.

Oben war es luftig und freundlich. Ninon, die Besitzerin, war eine stämmige, kleine Frau unbestimmbaren Alters – sie konnte dreißig oder fünfzig sein oder irgend etwas dazwischen. Sie lächelte gern, war jedoch Kunden gegenüber eher zurückhaltend. Das Paradoxe an Ninons Laden war, daß er trotz ihrer Schüchternheit ein äußerst geselliger Ort war. Die Leute schauten herein, nur um ein wenig zu plaudern. Auch ich ertappte mich dabei, daß ich mir irgendwelche Besorgungen ausdachte, die mich an dem Laden vorbeiführten.

Außer ihr selbst gab es dort noch ein paar schlaksige Jungen – wie es sie wohl bis in alle Ewigkeit in jedem Fahrradgeschäft geben wird –, die als Mechaniker und Verkäufer bei ihr angestellt waren. Doch im Gegensatz zu den Jungen in allen anderen Fahrradläden, die nur Verachtung übrig haben für Menschen, die einen Steuersatz nicht von einer Kurbel unterscheiden können, sahen Ninons Jungen die Räder, die ihnen die Leute brachten, niemals naserümpfend an. Sie erklärten einem nicht, es lohne sich nicht, ein Schaltseil zu wechseln, denn was man brauche, sei eine komplette neue Gangschaltung. Sie taten einfach, was nötig war, damit man weiterfahren konnte, ohne Getue. Wenn sie nicht zuviel zu tun hatten, flickten sie einem, während man wartete, für einen geringen Obolus auch gern den Reifen.

Die Jungen in Fahrradläden arbeiten in Fahrradläden, weil Fahrräder für sie das Höchste sind und sie dort einen guten Rabatt bekommen. Aber was ihnen gefällt, ist, an Fahrrädern herumzubasteln und sie zu fahren, nicht, sie zu verkaufen, und erst recht nicht, solche Fragen zu beantworten wie, ob sie eine Mutter zu dieser

Schraube hätten oder ob sie wüßten, woher dieses Geräusch beim Schalten komme, und ob sie, nebenbei gefragt, Inbusschlüsselsätze verliehen. Für die meisten dieser jungen Männer liegt der Ausgleich für die Langeweile des Verkäuferalltags und den frustrierenden Umgang mit all diesen idiotischen Kunden darin, sie auf unzählige Arten demütigen zu können.

Ninons Jungen waren völlig anders. Sie zeigten keinerlei Ungeduld angesichts der phobischen Unwissenheit des Durchschnittskunden in der Frage, wie Fahrräder funktionieren und was man macht, wenn sie es nicht tun. Sie waren einfach Jungen, die Fahrräder liebten. Einer von ihnen, Tim, erzählte mir, daß er gern ein Rad mit starrer Übersetzung fahre – etwas, wovon ich noch nie gehört hatte: ein Rad ohne Gangschaltung, eine wirklich radikale Vorstellung in einer Zeit, in der fast jedermann den Grad der Perfektion von Rad und Fahrer an der Zahl der Gänge festmachte. Aber Tim erklärte mir, durch das Fahren eines Rads mit starrer Nabe, bei dem es keinen Freilauf gibt, so daß man treten muß, solange das Rad sich bewegt, entwickle man einen flüssigeren Pedalierstil. Allein die Vorstellung, daß man in einem bestimmten Stil treten konnte und daß es verschiedene Stile gab, kam für mich einer Offenbarung gleich. Ich fand fast jede Woche eine Ausrede, um in dem Laden vorbeizuschauen, kaufte einen Schlauch oder neue Bremsklötze, während ich in Wirklichkeit nur meine Mitgliedschaft in ihrem Club erneuern wollte. Allmählich wurde mir klar, daß dieser Club der Radsport-Enthusiasten einer war, dem ich gern angehören wollte.

– Hast du diese Kuriere in ihren Radlerhosen gesehen? fragte mich mein Chef, Jim Kellagher, während er am Ladenfenster unseres schäbigen Büros in Bloomsbury stand und auf die Straße hinaussah.

Ich blickte von der alten mechanischen Schreibmaschine hoch, auf die ich Taste für Taste eingehackt hatte, um das Bestellformular eines Kaufhauses auszufüllen. Meine dämliche Schreibmaschine schien ständig ein neues Farbband zu brauchen. Ich haßte diese Formulare mit den doppelten Durchschlägen.

Lawrence & Wishart hatte 1986, ein Jahr bevor ich dort anfing, sein fünfzigjähriges Bestehen gefeiert. Ich hatte damals wenig von Marx und noch weniger von Lenin gelesen, aber ich war ein eifriger Schüler, den die romantischen Ideen des Kommunismus gepackt hatten. Natürlich wußte ich in Umrissen, was 1956 passiert war, als viele die Partei unter Protest verließen, doch es kam mir nie in den Sinn, daß 1986 auch das dreißigjährige Jubiläum jener wenig ruhmreichen Episode in der Geschichte der Kommunisten war.

– Da braucht man nicht mehr viel Phantasie, was? fuhr Kellagher grinsend, die Hände in den Taschen, fort. Nichts reizte ihn so sehr wie eine Gelegenheit, eine obszöne Bemerkung zu machen. Wahrscheinlich läufst du auch bald so rum.

Abgelenkt durch das übermütige Gebaren einer Gruppe ausländischer Studenten auf der anderen Straßenseite, ließ Kellagher davon ab, mich aufzuziehen, und ich konnte für diesmal aufatmen. In diesem Stadium bot ich mich für Kellagher als Zielscheibe geradezu an. Ich befand mich immer noch in einem unvermischten Sozialismusrausch, was für mich ziemlich extrem war: Es war eines, die Banker zu verachten, die in ihrem Porsche mit ihrem neugemünzten Reichtum protzten, aber Fahrradhosen aus Lycra als Symptom bürgerlicher Dekadenz anzusehen, nur weil sie gerade in Mode waren, das war etwas völlig anderes. Doch das war meine offizielle Haltung. Um sie zu untermauern, kaufte ich mir sonntags den *Morning Star*, womit ich die Verkaufszahlen in Notting Hill sicher verdoppelte. Dabei hieß es Stillschweigen bewahren – ich wollte nicht, daß man mich bei der Arbeit mit diesem sektiererischen Käseblatt sah.

Bei all der Schmach und den Anschuldigungen, die sich an die Bezeichnung Kommunist knüpften, war sie doch immer noch mit einem zwar angeschlagenen, aber kämpferischen Stolz verbunden. Durch eine merkwürdige, kompensatorische Logik verwandelte sich jede Niederlage in einen Sieg – oder zumindest in einen Grund, den Kampf fortzuführen. Das war das Don Quichottesche Thema, das der Partei jene einzigartige Aura gebrochener Größe verlieh, die mich zu ihr hinzog. Man sagt den Briten allgemein nach, daß sie Verlierer lieben, aber keiner konnte das Verlieren so zelebrieren wie wir britischen Kommunisten. Das war das wahrhaft Romantische daran: Sich mit den in der Geschichte Unterlegenen zu identifizieren, bedeutete, stets zu den Verlierern zu gehören.

Ich war so eine Art »Vereinsmeier«, jemand, der sich gern einer Organisation anschließt, einer Gemeinschaft, die größer ist als er selbst – ein Mensch, der diese Art dazuzugehören auf irgendeine Weise braucht. Andererseits trat man wohl kaum der Kommunistischen Partei bei, wenn das nicht der Fall war. Es war schließlich nichts, was man so leichthin tat, wie etwa Mitglied beim Videoladen um die Ecke zu werden.

Drei Monate darauf fischte ich eine Fahrradhose aus der Sonderangebotskiste in Ninons Laden in der All Saints Road. Die verregnete Wohltätigkeitsfahrt, bei der ich abgeschnittene Jeans getragen hatte, mochte mir die nötige Ausrede geliefert haben, doch inzwischen erschien es mir als eine unausweichliche logische Notwendigkeit, ein Paar Lycrashorts mit einem Chamoisledereinsatz zu besitzen, der meine Berührung mit dem Sattel abdämpfte. Je länger ich in Ninons Laden ein und aus ging, desto mehr schmolz mein Widerstand gegen die Ansicht, daß Fahrradhosen eigentlich ziemlich cool aussahen. Es dauerte nur ein paar Tage, bis ich darin zur Arbeit fuhr. In meiner fluoreszierend-gelben Fahrradtasche von *Marxism Today* nahm ich ein Paar Boxer-Shorts und Jeans mit, um mich zwischen den verstaubten Kisten im Keller umzuziehen.

Zwei oder drei Jahre in Folge nahm ich mit ein paar Freunden an einer Fahrt von London nach Oxford teil, die von der Nicaragua Solidarity Campaign organisiert wurde. Einmal waren auch Ninons Jungen dabei. Ich sah sie nicht, aber wir sprachen später im Laden davon, wie schön die Strecke über die Chiltern Hills gewesen sei. Tim war natürlich mit seinem Rad ohne Gangschaltung gefahren.

Ich wurde ziemlich eklektisch in dem, wofür ich mich engagierte. Es gab eine sehr beliebte Fahrt zugunsten des AIDS-Hospiz London Lighthouse, die auf einem vornehmen Anwesen bei Box Hill in Surrey endete. Zu diesem Zeitpunkt hatte ich genug solcher Touren mitgemacht, daß mir die Aufgabe, Sponsoren zu werben, anstrengender vorkam als die Fahrt selbst. Ich war mir dessen noch nicht ganz bewußt, aber der Anlaß war unwichtig geworden. Es war das Radfahren, um dessentwillen ich teilnahm.

Ich blieb nach dem Start nie lange mit Ruth oder meinen Freunden zusammen. Sie schienen immer damit zufrieden zu sein, langsam dahinzuzockeln, während ich vorwärtsdrängte. Es gab keinerlei Wettbewerb: Die Leute fuhren zu verschiedenen Zeiten los, jeder in seiner Geschwindigkeit, und niemand stoppte am Ende die Zeit. Doch ich fand es fast körperlich unangenehm, so langsam fahren zu müssen. Ich wollte kein Rennen gegen irgend jemanden gewinnen, ich wollte mich einfach nur fordern.

So lernte ich Mick kennen. Wir fuhren beide gleich schnell.

Er saß auf einem alten, schmutzig-zitronengelben Raleigh. Er schien mir ungefähr genauso groß und schwer zu sein wie ich, und der Rahmen seines Rades sah ein bißchen zu klein für ihn aus. Wir bewegten uns ständig am Rand des Blickfelds des anderen. Mal übernahm der eine die Führung, mal der andere. Ich versuchte ein wenig schneller zu fahren, um zu sehen, ob ich ihn dadurch abhängen könnte, aber er blieb dran, trat nur wenige Meter hinter mir zäh in die Pedale. Nach etwa zwanzig Minuten war dieses private Rennen ohne ein Wort der Verständigung nicht mehr haltbar.

– Bist du hier schon mal mitgefahren?

– Nein. Du?

Wir kamen wieder einmal an eine Kreuzung, an der eine Traube von Fahrern darauf wartete, sie überqueren zu können. Bei der ersten Gelegenheit sprinteten wir von dem dahinzottelnden Haufen weg, aber (gemäß einer stillschweigenden Übereinkunft) nicht voneinander.

– Was machst du beruflich?

– Ich bin Fahrradkurier.

Ich war beeindruckt und ein wenig eingeschüchtert. Fahrradkuriere waren damals noch eine neue, exotische Spezies in den Straßen von London. Manche von ihnen hatten seltsame Räder mit besonders tiefem Lenker und trugen die volle, hautenge Montur. Andere fuhren die neuen Mountainbikes mit einer coolen Leidensmiene, die aussah, als wären sie schon breit. Sie bevorzugten meist eine Art Stadtguerilla-Anarchisten-Schick.

Dieser hier sah mehr nach dem ersteren Typ aus, aber zugänglicher, weniger wie ein Poseur. Unser Tempo war für uns beide angenehm: eine Herausforderung, aber keine Überforderung. Oft habe ich seitdem gedacht, was auch immer Mick und ich sonst noch gemeinsam hatten, das grundlegendste Element unserer Freundschaft war, daß wir in puncto Geschwindigkeit nahezu perfekt zusammenpaßten. Es gab immer wieder einmal Unterschiede – unsere Form und unsere Ausdauer waren nicht immer gleich, und manchmal wichen unsere Lebensumstände voneinander ab –, doch wir wußten stets, daß wir uns aufs Rad setzen konnten und plötzlich, ohne darüber nachzudenken, im selben Tempo fuhren.

Als wir auf dem Grundstück von Polesden Lacey ankamen, wo die Fahrt endete, war ich angenehm erschöpft. Wir trafen lange vor den Freunden ein, mit denen ich losgefahren war, so daß Mick und ich uns neben unsere Räder ins Gras setzten und in der Sonne ein Glas von dem kräftigen, hopfigen Bier tranken, das man im Zelt der Workers' Beer Co. bekam. Ich spürte ein warmes Kribbeln in den Beinen, das durch das Bier noch verstärkt wurde. Wir plauderten über das Radfahren, über Politik und Bier, bis wir durch das allmähliche Eintreffen unserer ursprünglichen Mitfahrer abgelenkt wurden.

Ruth war zwar leicht irritiert, daß ich am letzten Kontrollpunkt nicht auf sie gewartet hatte, gab sich aber mit der Erklärung zufrieden, daß ich einen neuen Freund gefunden habe, mit dem ich bis zum Schluß habe zusammenbleiben wollen. Sie kannte mich, wußte, wie ungern ich in einem künstlich langsamen Tempo fuhr. Das schien etwas zu sein, das sie an mir einfach akzeptieren mußte.

Bevor wir uns alle auf den Weg zum Bahnhof machten, kam Mick zu mir, und wir tauschten Telefonnummern aus.

– Wir sollten mal zusammen radfahren gehen. Nur wir beide.

– Ja, gute Idee.

Von kameradschaftlichen Gefühlen durchdrungen, glaubte ich in dem Moment immer noch, was mir gefiel, wäre das ganze Paket dieser geselligen Fahrten für die gute Sache. Mick dagegen hatte in mir instinktiv jemanden erkannt, dem es wie ihm wirklich ums Radfahren ging. Ums Radfahren und um nichts sonst.

Meine erste Fahrradhose aus Ninons Laden hielt nicht lang. Das Lycra war schlechte Qualität, und das Elasthan leierte bald aus, so daß der glatte, hautenge Effekt verlorenging und die Shorts aussahen wie selbstgestrickt. Wenn ich sie auswusch, was ich fast täglich tun mußte, damit das Innenleder nicht anfing zu riechen wie die alte Ziege, die es einmal gewesen war, wurden sie hart wie Pappkarton. Vaseline (statt der teuren Spezialcreme) half zwar gegen die Steifheit, aber dann hatte man, wenn man eine Weile gefahren war, das Gefühl, eine schmierige Windel zu tragen.

Früher, noch bis in die siebziger Jahre hinein, war alle Radsportkleidung aus Wolle. Bis zu der revolutionären Erfindung von Lycra war das sinnvoll: Wollgewebe war dehnbar und paßte sich dem Körper an. Zugleich war es atmungsaktiv, widerstandsfähig und hielt die Körperwärme, selbst in durchnäßtem Zustand. Doch das ständige Mit-der-Hand-Waschen muß die Hölle gewesen sein, und die Trikots waren im Sommer sicher heiß und kratzig. Wenn ein Rennfahrer es sich leisten konnte, trug er ein Trikot aus Seide. Ich habe mir einmal ein altes Vereinstrikot aus Seide ausgeliehen: Die Farben waren schon ganz ausgeblichen, doch es war immer noch herrlich kühl auf der Haut. Es war so leicht, daß ich mir ganz entblößt, fast nackt vorkam. Ein solches Hemd konnte man nur an den wärmsten Tagen und längsten Abenden des Jahres tragen.

Bevor die Hosen Innenleder hatten, mußten die Fahrer der Tour de France improvisieren. Der Legende nach kauften sie sich morgens bei einem Fleischer am Ort ein billiges Steak. Kurz vor dem Start steckten sie sich das Rindfleisch in die Hose und setzten sich darauf wie auf ein Kissen. So fuhren sie den ganzen Tag – walkten das Fleisch mit ihren Bewegungen und marinierten es in ihrem Schweiß –, dann gaben sie es abends dem Hotelkoch mit der Anweisung, es von jeder Seite nur eine Minute zu braten. Zu jener Zeit galt nicht Pasta, sondern Protein als die richtige Diät für Champions. Und unterwegs nahmen die Fahrer ebensogern einen schnellen Brandy von der Bar, wie sie ihre Trinkflaschen am Brunnen füllten.

Mit der Einführung von Lycra wurden die Shorts länger, was zumindest den einen praktischen Grund hatte, daß die Beine nicht mehr hochrutschten und Wülste bildeten, da sie von einem Gummibesatz am Saum dort gehalten wurden, wo die Schenkel anfangen dünner zu werden. Wenn man sich heute Bilder von Eddie Merckx aus seiner Glanzzeit Anfang der siebziger Jahre ansieht, ist darauf ungewohnt viel Bein zu sehen: Der Oberschenkel ist bis auf die letzten zehn Zentimeter entblößt.

Dieser schmale Streifen Nacktheit zeugt von einer Ära rauhen Wettbewerbs, von einer die Ärmel hochkrempelnden, zupackenden Körperlichkeit, die bei den auf wissenschaftlicher Basis trainierten Athleten von heute wegverfeinert wurde. Die Profis der sechziger Jahre und der Zeit davor gelten unter Radfahrern allgemein als die wirklich harten Männer. Wie jeder andere Sport hat auch der Radsport seine Version des Mythos, daß es Männer wie diese nie wieder geben wird. Die Schwarzweißfotos von Fahrern wie Fausto Coppi, Gino Bartali, Charly Gaul, Louison Bobet und einer Legion von heute nahezu vergessenen Radsporthelden haben deren Leistungen irgendwie die Aura schlichter Größe und unbefleckter Authentizität verliehen, nach der wir uns alle sehnen.

Nicht nur die Legenden des Radsports hielten Rückschau auf ein goldenes Zeitalter der klaren Ziele und eines epischen Kampfes, sondern auch die Genossen. Als der Kommunismus in ganz Europa und sogar in der Sowjetunion zusammenbrach, zerfiel selbst unser mehrfach revidierter und sorgfältig zusammengeflickter Marxismus unter unseren Fingern. Anfang der neunziger Jahre stellte ich fest, daß ich, ohne mir darüber im klaren zu sein, zu der letzten Generation gehört hatte, der es gelungen war, an diesem eigentümlichen Anachronismus festzuhalten, der letzten Generation, für die der kommunistische Traum von einer durch das System verbesserten Welt gerade noch haltbar gewesen war. Irgend jemand hat einmal gemeint, die Partei der Exkommunisten – der Desillusionierten, die aus der Partei ausgetreten oder einfach weggeblieben seien – sei die größte Partei überhaupt. Als die ursprüngliche Illusion vor unseren Augen zerrann, war selbst die Desillusion nicht mehr möglich. Statt dessen blieb uns als Vermächtnis ein Vakuum, eine quälende Leere.

Meine letzte Mitgliedskarte ist die für das Jahr 1989. Sie druckten sie auch 1990 noch, auch nach dem Fall der Berliner Mauer. Während die letzten paar tausend Kommunisten, die noch in Großbritannien lebten, eine wirre Debatte darüber führten, was sie mit ihrem ungewollten Alleinvertretungsrecht anfangen sollten, erneuerte ich meine Mitgliedschaft nicht.

Der Radsport wurde meine neue Heimat. Der kleine Kreis der Radrennfahrer bot mir ein anderes hehres Ziel, das jenes Vakuum ausfüllen konnte ohne den ideologischen Ballast. Der Radsport gab mir die Möglichkeit, die Orientierung wiederzufinden, die ich verloren hatte, als die Partei in sich zusammensackte. Doch während es bei den Kommunisten um eine ständige Verfeinerung der Mittel gegangen war, mit denen endlos aufgeschobene utopische Ziele erreicht werden sollten, stellte sich der Radsport mit seiner befriedigenden zirkulären Struktur als ein ideales Projekt dar: eines, bei dem Mittel und Ziele identisch waren. Ich würde es mit Fausto Coppi halten, dessen einfacher Wahlspruch lautete: *Radfahren, radfahren, radfahren.*

Es war Mick, der einen Verein für uns fand. Anfangs war er der Engagiertere von uns beiden. Bei der British Cycling Federation erfuhr er, daß es in unserer Gegend, dem Südosten von London, mehrere Radsportvereine gab: den Dulwich Paragon Cycling Club, den De Laune CC, den Catford Cycling Club und den Vélo Club de Londres. Er entschied sich für den letzteren. Der französische Name sprach uns beide an. Wir waren bereit, uns von der romantischen Vorstellung eines Lebens auf dem Rad verführen zu lassen.

Vor allem im Süden Englands findet man viele britische Radsportvereine mit den Initialien VC – VC Etoile, VC Elan, VC Deal. Dieses Präfix trägt dem französischen Ursprung des Radsports Rechnung und stellt eine Art Internationalismus dar. Als er gegründet wurde, hatte der VC Londres den nordfranzösischen VC Le Havre zum Partnerverein. Im Rahmen eines inoffiziellen Austauschprogramms überquerten die Fahrer des einen Vereins den Kanal und wohnten bei Mitgliedern des anderen, um an Rennen teilzunehmen. Micks instinktive Wahl erwies sich für uns noch in einer weiteren Hinsicht als vorteilhaft, denn der Vélo Club de Londres (der bei seinen Mitgliedern und Fahrern aus anderen Vereinen unter dem Kürzel VCL bekannt war) war eine Art inoffizieller Hausverein des Herne-Hill-Stadions.

Um die Jahrhundertwende erbaut, war das Stadion als die einzige Bahn der Hauptstadt mit Kurvenüberhöhungen jahrzehntelang ein Wahrzeichen des Londoner Radsports gewesen. Es lag diskret versteckt hinter einer Straße mit großen Einzelhäusern, während an seiner Rückseite eine Vorortbahnlinie entlangführte. Man hätte jahrelang in dieser Straße leben können, ohne von seiner Existenz zu wissen – allenfalls hätte man sich beim Parkplatzsuchen gefragt, warum dort an Sommerabenden immer so viele Radfahrer unterwegs waren.

Die Bahn bestand aus einem großen Oval mit einem Umfang von ungefähr vierhundert Metern und steilen Überhöhungen an beiden Enden, dort, wo der Radius der Kurve am kürzesten war, während Gegen- und Zielgerade nahezu flach waren. Die Zielgerade führte an dem einfachen Clubhaus mit Tribüne vorbei, unter der sich die Umkleideräume befanden.

Als Mick und ich zum erstenmal im Herne Hill waren, machte das Stadion einen heruntergekommenen, vernachlässigten Eindruck. Da Radfahren ein Minderheitensport war, hatte der Stadtrat weder das Geld noch die Absicht, es zu sanieren. Die Tribüne war ziemlich schäbig und die Bahn selbst reparaturbedürftig. Sie war beim letztenmal schlecht asphaltiert worden, so daß der Belag jetzt voller Löcher und Risse war, vor allem auf der nach Norden offenen Steilkurve, die im Winter am meisten unter dem Frost litt.

Dennoch klammerte sich das Herne Hill an seinen einstigen Ruf. Es war immer noch von einem verblaßten Glanz umgeben, wie ein einst elegantes, heruntergekommenes Seebad. Wir konnten nur mutmaßen, was für ruhmreiche Leistungen diese Kurven und diese Geraden erlebt hatten. Heroische Sprints mit einem letzten, verzweifelten Sprung über die Ziellinie. Einsame Verfolger, die mit vor den Augen der Zuschauer verschwimmenden Beinen endlos im Kreis herumrasten. Das Chaos eines Punktefahrens oder eines Madison-Rennens, bei denen es viel zu sehen gab – wilde Verfolgungsjagden und manchmal durch Mark und Bein gehende Stürze. Wobei die Zuschauer den Fahrern nicht nur von der flaggengeschmückten Tribüne aus zujubelten, sondern auch zehn Reihen tief die Bahn säumten, um Männer zu sehen, deren Namen damals Legende waren – Reg Harris, Tommy Simpson, Hugh Porter – und die hier gegen gewöhnliche Vereinsmitglieder antraten – Dave Bonner vom Coulsdon Club und Wally Happy vom Norwood Paragon.

Der VCL traf sich jeden Samstagvormittag zum Training. Obwohl dies eine öffentliche Veranstaltung war, an der jeder teilnehmen konnte, war die Identifikation mit dem Verein dabei sehr stark. Es gab dort einen Trainer, der ein bescheidenes Gehalt von der Kommune bekam. Mike Daley war ein schlanker, ernster Mann, der stets einen marineblauen Trainingsanzug trug. Vielleicht war er Anfang Fünfzig, vielleicht ging er auch auf die Siebzig zu – es war schwer zu sagen. Man sah ihn nie auf dem Rad und hörte ihn auch nie von seiner Zeit als Rennfahrer reden, doch es ging das Gerücht, daß er sich noch immer die Beine rasierte.

Diese Trainingseinheiten am Samstagvormittag, bei denen er mit einem Megaphon in der Hand die Innenseite der Bahn abschritt und knappe Anweisungen erteilte, waren ein Geschenk für ihn. Im Winter bot er an einem Abend in der Woche in der Turnhalle einer nahe gelegenen Schule Zirkeltraining an. Daley nahm uns hart ran, trieb uns bei den Sit-ups und Klimmzügen auf seine seltsame bündige Art an. Doch dank einer natürlichen Zurückhaltung war er zu mild, um zum Zuchtmeister zu werden. Er hatte keinen Sinn für Small talk, außer es ging ums Radfahren, und dann blickte er stets auf einen Punkt in mittlerer Entfernung, als würden die Fahrer seine beständige Aufmerksamkeit verlangen.

Man strengte sich für Mike Daley an, weil man sah, mit welch treuer Hingabe er seiner Arbeit nachging. Der Radsport war sein Leben. Oft fuhr er zu irgendwelchen Rennen am anderen Ende von London oder nach Kent oder Surrey, wenn dort auch nur ein einziger VCL-Fahrer am Start stand. Auf eine passive Weise mochten die Clubmitglieder ihn, und sie bewunderten ihn gleichsam gegen ihren Willen, was für ihn wohl in Ordnung war, denn es ging ihm nicht darum, geliebt zu werden. Aber ohne ihn hätte es den VCL nicht gegeben.

Daley hatte eine spezielle Beziehung zu Robert Knight, dem ortsansässigen Profi des Vereins. Knight war einmal britischer Sprintmeister gewesen, seit langem Berufssportler und seit seiner Schulzeit, in der er als aufsteigendes Juniortalent hervorgetreten war, Daleys Protegé. Vom Charakter her hätten sie nicht verschiedener sein können, und doch war zwischen ihnen eine seltsame Symbiose entstanden. Rob war der geborene Sportler – man sah es schon an seinem Körperbau. Ein unerschütterliches Selbstvertrauen ausstrahlend, wirkte er wie eine Südlondoner Version des Fußballstars einer Collegemannschaft. Rob war locker und umgänglich, während Daley eher verkrampft und schweigsam war.

Und doch bildeten sie zusammen ein Team. An den Samstagvormittagen brachte Rob auf der Bahn System in den Haufen der Fahrer, wobei er seine Anweisungen mit Daley koordinierte, der an der Zielgeraden stand. Rob fungierte praktisch als Daleys Assistent, indem er den anderen beim Fahren individuelle Ratschläge gab und Neulinge einwies, während Daley auf das Gesamtbild achtete. Umgekehrt fungierte Daley als Robs Vertrauter und inoffizieller Manager.

Als ich an meinem ersten Samstag nervös die Zufahrt zur Bahn zwischen den Häusern entlangradelte, war ich allein. Mick hatte gerade eine Stellung in einem Fahrradladen angenommen. Er war froh, den Kurierdienst mit seiner erbarmungslosen Schufterei, dem Verkehrslärm und der schlechten Luft und der ständigen Unfallgefahr aufgeben zu können, doch der neue Job bedeutete, daß er am Wochenende arbeiten mußte.

Alle Teilnehmer mußten ein Bahnrad fahren. Räder mit Gängen oder Bremsen waren nicht erlaubt. Viele der Fahrer, die bereits in der flachen Ellipse der Asphaltschüssel kreisten, hatten ihre eigene Maschine. Es war ein bunter Haufen, Männer jeder Statur, jeder Größe und jeden Alters, doch ein Gutteil trug das VCL-Trikot mit den senkrechten blau-roten Streifen. Ich holte mir ein Bahnrad aus dem uralten Vereinsbestand. Es waren Räder von einfacher Qualität, und viele waren zur Instandhaltung der besseren Modelle ausgeschlachtet worden. Ich suchte mir das brauchbarste in meiner Größe aus, lieh mir einen Schraubenschlüssel, um die Sitzhöhe einzustellen, und fummelte an den steifen alten Lederriemen der Pedale herum, bis die Haken meine Schuhe mit den Schuhplatten hielten.

Bahnräder haben immer eine starre Nabe. Es gibt keinen Freilauf. Die einzige Möglichkeit, das Übersetzungsverhältnis zu verändern, besteht darin, das Hinterrad herauszunehmen und das Ritzel durch eines mit größerem oder kleinerem Umfang zu ersetzen. Wegen des Werkzeugs, das man dafür braucht – des sogenannten Abziehers, eines schweren Dings mit langem Griff, mit dem man den Ritzel faßt und abschraubt –, ist das eine Arbeit, die man lieber in der Werkstatt erledigt als neben der Bahn. Solange das Rad rollt, müssen die Pedale sich bewegen – und die Füße des Fahrers wohl oder übel auch. Wenn man ein normales Straßenrad gewöhnt ist, auf dem man dahinrollen kann, ohne zu treten, ist es ziemlich unangenehm, ein Bahnrad zu fahren. Es fühlt sich an, als hätte das Rad einen eigenen Willen.

Ich fuhr mit meinem geliehenen Rad auf die Bahn und baute langsam Geschwindigkeit auf. Nach einigen Runden versuchte ich aufzustehen, um das Tempo zu erhöhen, was auch funktionierte. Doch als ich mich wieder hinsetzte, tat ich leider das, was auf einem Straßenrad ganz selbstverständlich ist: Man hört kurz auf zu treten, bis man wieder richtig im Sattel sitzt. Sofort bockte das Fahrrad unter mir, als wolle es mich abwerfen. Meine Beine wurden brutal herumgerissen – es fühlte sich an, als würden sie an den Knien ausgekugelt – und mit Gewalt zu einer Tretbewegung gezwungen.

Ich kam ins Schwanken, wäre fast gestürzt, aber ich hatte die Lektion begriffen. Höre auf einem Bahnrad niemals auf zu treten. Du kannst sanften Widerstand anwenden, um das Tempo zu verlangsamen, und beim Tandemfahren die Schräge nutzen, aber den mechanischen Imperativ des Rades, sein instinktives Verlangen nach unablässiger Bewegung mußt du stets beachten.

Für einen Anfänger, wie ich einer war, hat die Vorstellung eines Fahrrads ohne Bremsen etwas Beunruhigendes. Vor allem wenn es ein Rad mit starrer Nabe ist, bei dem schon das Langsamerwerden notwendigerweise ein behutsamer, allmählicher Prozeß ist. Noch beängstigender war die Aussicht, auf einem solchen Rad ohne Bremsen auch noch in dichter Formation mit anderen zu fahren. Paradoxerweise bewegen sich die Fahrer auf der Bahn in einem noch dichteren Feld als auf der Straße.

Die meisten Bahnrennen sind sehr intensiv und dauern nur wenige Minuten. Daher ist die Position in jedem Augenblick von größter Bedeutung. Um den eigenen Platz nur zu behaupten, muß man bereits dafür sorgen, daß keine Lücke entsteht. Sobald zwischen einem selbst und dem Vordermann der geringste Abstand entsteht, wird ein anderer aufschließen und sich hineinschieben. Manchmal muß man rücksichtslos sein, ja geradezu Gewalt anwenden – mit abgewinkelten Ellbogen fahren, bereit sein, Schulter an Schulter zu drücken, wenn jemand versucht, sich anzulehnen. Wenn man nervös und zögerlich ist, was das Hinterradfahren und das Sichern der eigenen Position betrifft, landet man, ehe man sich's versieht, am Ende des Feldes – und das ist niemals ein guter Ort. Es gibt drei gute Gründe, warum man nie ganz hinten fahren sollte. Erstens ist es der gefährlichste Platz im ganzen Feld, denn bei jedem Sturz vor einem besteht die Gefahr, daß man ebenfalls stürzt. Zweitens muß man hinten paradoxerweise oft mehr arbeiten als anderswo, weil jeder Tempowechsel an der Spitze sich die Reihe entlang verstärkt, so daß die Schlußlichter ständig entweder beschleunigen oder verlangsamen müssen. Und schließlich ist man, wenn es richtig losgeht, der erste, der abgehängt wird.

Dicht hintereinander zu fahren ist unerläßlich, wenn man seinen Platz halten und den Windschatten nutzen will, doch schwer zu lernen, denn es erfordert Vertrauen. Jeder Fahrer muß jedem anderen vertrauen und sich darauf verlassen können, daß er nichts Dummes, Unvorhersehbares oder Gefährliches tut. Jeder Fahrer muß für die kollektive Sicherheit des Feldes einen Teil seiner Selbständigkeit aufgeben.

– Los, aufschließen, rief Rob unserer zerfledderten Gruppe von hinten zu. Schließt die Löcher.

Voller Angst, daß mein Vordermann jeden Moment langsamer werden und ich in ihn hineinrasen könnte, tastete ich mich ein paar Zentimeter weiter heran, ließ jedoch immer noch einen Abstand von etwa anderthalb Metern. Als die Formation sich zusammenzog, trat die Lücke vor mir deutlich hervor. Plötzlich war Rob neben mir und legte mir einen Arm auf die Schulter.

– Schließ auf, fahr richtig nah ran. Er war zwar nicht außer Atem, aber er sprach schnell. Dein Vorderrad sollte höchstens dreißig Zentimeter von seinem Hinterrad entfernt sein. Die Räder dürfen sich nicht überschneiden, aber du mußt dicht genug dran sein, um ihm an den Arsch greifen zu können. Hast du verstanden?

Ich nickte. Und versuchte, so dicht aufzufahren, wie er es gesagt hatte. Es kam mir unmöglich vor, als würde schon der Versuch verheerend sein. Außer bei dem Vorfall mit dem Taxi und bei einem tollkühnen Bremsmanöver als Student an einem eisigen Morgen, bei dem ich auf dem Bauch landete und mir das Kinn aufriß, war ich nie vom Rad gefallen. Ich war nicht wild darauf, diese Erfahrung noch einmal zu machen. Die Oberfläche der Bahn war sandig und rauh, und diesmal waren meine Füße an den Pedalen festgeschnallt. Ich hatte gehört, daß die Fahrer sich oft nicht durch den Sturz selbst verletzten, sondern weil sie mit einem Fuß in den Riemen hängenblieben, während das Rad von ihnen weggeschleudert wurde. Riemenlose Pedale, die auf der Technik von Skibindungen basieren und bei denen der Fuß seitlich ausrasten kann, kamen damals gerade erst auf den Markt.

– Genau, aber noch dichter. Jetzt spürte ich auf meiner Schulter Robs Hand, die mich ermutigte, vorwärtsschob.

– Schau nicht auf sein Hinterrad, schau auf diesen Punkt hier. Und er berührte den Fahrer vor uns genau dort, wo Hose und Trikot aneinanderstießen.

Bald hatten uns Mike und Rob in Paare aufgeteilt, die in zwei parallelen Reihen mit nur etwa einem Meter Zwischenraum in einem gleichmäßigen Tempo um die Bahn herumfuhren. Jedes Paar übernahm für eine Runde die Führungsarbeit und scherte dann die Überhöhung hinauf aus. Während die doppelte Reihe der Fahrer unter ihnen vorbeifuhr, benutzte das Paar die Schräge zuerst, um die Fahrt zu verlangsamen, und dann, indem es nach unten schwenkte, um wieder zu beschleunigen und sich hinten an das Feld anzuhängen.

Diese Disziplin, das Staffelfahren, ist die Grundlage des Formationsfahrens und die wichtigste Technik bei Rennen: So organisiert sich eine Ausreißergruppe, um dem Feld zu entfliehen, und so organisiert sich auch das Feld, um die Ausreißer zu verfolgen. Diese einfache, auf gemeinsamer Anstrengung basierende Technik ist der Grund für die seltsame Verbindung von Kooperation und Konkurrenz, durch die sich der Radrennsport auszeichnet. Die Logik, die einem Radrennen zugrunde liegt – seiner oft konfusen Choreographie –, wird bestimmt durch das komplexe System von wechselnden, vorübergehenden Bündnissen, die entstehen, wenn einige Fahrer sich zusammentun, um auszureißen, und andere, um sie zu verfolgen. Diese Mischung aus gegenseitiger Hilfe und rücksichtsloser Aggression wird durch eine ungeschriebene, aber ausgefeilte Etikette reguliert – eine Art Ehrenkodex der Radrennfahrer.

Zu jener Zeit hatte ich von einem solchen Kodex und seinen Feinheiten nicht die geringste Ahnung. Ich mußte erst einmal lernen, wie man in einer dichten Formation fährt, ohne vom Rad zu fallen oder gar jemand anderen zu Fall zu bringen. Auch jetzt hing von mir und meinem Können das Wohl anderer ab. Nachdem wir eine halbe Stunde lang Runde um Runde gefahren waren, uns an der Spitze abgelöst, das Tempo variiert hatten, rief Daley: *Nächste Runde: Sprinten.*

Sprinten?! Was sollte das heißen? Ich sah mich um. Zunächst geschah überhaupt nichts. Auf der Zielgeraden blieben alle in der Formation. Doch als wir die Kurve erreichten, begannen hinten einige Fahrer auszubrechen und weiter oben auf der Überhöhung am Feld vorbeizuziehen. Als wir wieder auf die Gerade kamen, zog das Tempo an. Ich fuhr plötzlich schneller, wurde von der wachsenden Geschwindigkeit der Gruppe wie von einem Sog erfaßt und mitgezogen. Auf einmal war die ganze Ordnung der Formation dahin: Alle fuhren kreuz und quer, kämpften um einen Platz, quetschten sich in Lücken, suchten nach einer guten Position, um einen Fluchtversuch zu starten, ohne allzufrüh an der Spitze zu landen und die anderen »anziehen« zu müssen.

Bis dahin war das Training eher zahm gewesen, und die plötzliche Geschwindigkeit wirkte befreiend und elektrisierend. Ich versuchte, meine Position zu halten, aber da ich immer noch Angst davor hatte, so dicht zusammen zu fahren, und mich bemühte, immer ein Stück Bahn vor mir frei zu lassen, fiel ich allmählich ans Ende des Feldes zurück. Als wir aus der letzten Kurve auf die Zielgerade kamen, schwangen sich die Fahrer von der Überhöhung herunter. Ich blickte auf und sah, wie Rob mehr als fünfzig Meter vor mir mit ein paar Fahrern, die versuchten mitzuhalten und ihm den ersten Platz abzuringen, auf den Zielstrich zuflog. Die meisten Fahrer vor mir waren aus dem Sattel gegangen, hatten das Gewicht nach vorn verlagert, umklammerten die Lenkerenden und versuchten, jeden letzten Tropfen Kraft aus ihren Beinen zu pressen. Für einen Moment vergaß ich meine Angst und stürzte mich in diesen wilden Spurt. Ein oder zwei Sekunden lang war ich nicht mehr ich selbst, sondern ein anonymer Teil von etwas sehr viel Größerem, wie ein Schwarm aufgebrachter Bienen oder blitzschneller silbriger Fische.

Direkt vor mir schienen zwei Fahrer ins Schwanken zu kommen und ineinander hineinzufahren. Bevor ich die Richtung ändern oder irgendwie reagieren konnte, rollte und schlitterte vor mir schon ein Wirrwarr von Körpern und fahrerlosen Rädern über den Boden und versperrte mir den Weg.

Ich spürte, wie mein Vorderrad auf etwas Hartes traf.

Dann wußte ich nur noch, daß ich stürzte. Ich konnte jetzt nichts mehr tun – ich versuchte, mich zu entspannen. Die Welt stand Kopf. Licht und Farben verschwammen, und alles wurde still.

Dann kam ich auf. Der Boden sprang mir entgegen und fiel über mich her, schlug mir auf den Hinterkopf und trat mich gegen Schulter und Hüfte. Mühsam rappelte ich mich hoch. Das Adrenalin wirkte bereits, betäubte den Schmerz, raubte mir jedoch auch das Begriffsvermögen. Ich nahm ein Brennen an meiner Schulter wahr, aber der Schmerz kam mir irgendwie theoretisch vor, als beträfe er jemand anderen. Statt dessen sorgte ich mich um meine nagelneue Thermojacke mit dem Mondrian-Muster des La-Vie-Claire-Teams. Ich drehte den Kopf und sah, daß sie hinten an meiner linken Schulter abgeschürft und aufgerissen war – genau da, wo es weh tat. Ich merkte, daß auch mein Hals sich steif anfühlte.

Humpelnd, jedoch vor allem wegen der Pedalplatten an meinen Schuhen, ging ich zu meinem Rad. Es war hinüber: Das Vorderrad war grotesk verzogen, die Gabel in Richtung Rahmen zurückgebogen. Als ich es an den Rand schleifte, explodierte der Vorderreifen mit einem Knall, der wie ein Schuß klang. Ich blickte zurück auf die Bahn und sah das verheerende Ergebnis des Unfalls. Zwei weitere Fahrer und ihre Räder befanden sich noch auf dem Boden. Daley war zu dem einen hingerannt, der benommen auf der Bahn saß und sich mit beiden Händen die Stirn hielt.

Ich versuchte, mich zu orientieren, mir klarzumachen, was geschehen war, obwohl ich mich nur undeutlich erinnerte. Anscheinend war ich hinter diesen beiden Fahrern gewesen, die zusammengestoßen und als erste vom Rad gefallen waren. Dann hatte mein Schwung mich offenbar in hohem Bogen durch die Luft fliegen lassen. Um auf dem Rücken zu landen, mußte ich einen Zwei-

Drittel-Salto vollführt haben. In meinem verstörten, entrückten Zustand fiel mir dazu nichts weiter ein, als daß es in Zeitlupe sicherlich sensationell ausgesehen hatte, ja wie ein Ballett. Doch ich hatte Glück, daß ich nicht auf dem Kopf oder dem Gesicht gelandet war oder mir bei dem Versuch, den Aufprall abzufangen, das Schlüsselbein oder das Handgelenk gebrochen hatte.

Damit war das Training für diesmal beendet. Einer der gestürzten Fahrer hatte eine Platzwunde am Kopf, und Daley befürchtete, er könnte eine Gehirnerschütterung haben. Er rief uns alle in den Umkleideraum unter der Tribüne. Während wir einer nach dem anderen hineingingen, kam er zu mir.

– Was ist passiert? Seine Augen suchten in meinem Gesicht nach einer Antwort.

– Ich weiß nicht genau, sagte ich. Vor mir waren zwei Fahrer. Einer ist wohl in den anderen reingefahren, und dann sind beide gestürzt. Ich war direkt hinter ihnen ... Ich konnte nirgendwohin ...

Er sah mich skeptisch an. Ich war der Neue, der Anfänger. Und vor allem: Mein Fahrrad lag am weitesten vorn auf der Bahn. Im nachhinein sah es so aus, als wäre ich vor den beiden anderen gestürzt und nicht hinter ihnen. Es war klar, daß ich in Daleys Augen am ehesten als Schuldiger in Frage kam. Die Annahme war durchaus nicht abwegig, und doch empfand ich es als Beleidigung.

– Ich glaube, einer von ihnen hat beim Sprint den Fuß aus den Riemen gezogen, sagte jemand anderes. Und wenigstens zum Teil entlastet, war ich ihm unendlich dankbar dafür. Aber Daley war nicht überzeugt.

Danach verging mehr als ein Jahr, bis ich mich wieder traute, im Feld auf Konkurrenz zu fahren, und noch länger dauerte es, bis ich wieder auf einer Bahn fuhr. Dennoch: Es hatte mich gepackt.

3. Etappe

Hüte dich vor allen Unternehmungen,
für die man neue Kleidung braucht.
Henry David Thoreau

– **D**u kaufst dir ein neues Fahrrad? Ruth zog fragend eine Augenbraue hoch.

Unbeeindruckt von ihrem skeptischen Ton, machte ich mich mit doppelter Energie daran, eine Pfanne auszukratzen.

– Äh ... ja, antwortete ich widerstrebend.

– Wann willst du es dir denn kaufen?

– Eigentlich hab ich es schon ... Gekauft, meine ich. Ich hol es am Samstag ab.

– Ist denn dein altes kaputt?

– Nein, äh ... Aber ich brauche einen besseren Rahmen und so.

– *Und so?*

– Ja ... bessere Bremsen und eine Indexschaltung.

– Eine *Index*schaltung? Was kostet es denn?

– Ungefähr sechshundert Pfund ... aber das ist unglaublich günstig: Es ist fast das Doppelte wert.

– Ja, wirklich unglaublich. Na ja, es ist ja dein Geld, schätze ich.

Diese Aussage führte eine künstliche Unterscheidung ein, denn wir warfen unsere Einkünfte mehr oder weniger zu einem gemeinsamen Einkommen zusammen. Und als Redakteurin einer Filmfachzeitschrift steuerte Ruth den größeren Nettobetrag dazu bei. Sie hatte diese moralisch überlegene Position durch eine heimliche List errungen.

– Ich könnte mein altes Fahrrad verkaufen ... aber ich dachte, vielleicht willst du es. Eigentlich ist es ein bißchen zu klein für mich, es müßte also für dich genau richtig sein.

– Du meinst, ob ich haben will, was du ausrangiert hast? Danke.

– Ich *könnte* es auch verkaufen, wenn du es nicht willst. Es ist immer noch ein paar Hundert Pfund wert.

– Ich weiß nicht, ob ich es haben will, wenn es keine *Index*schaltung hat. Gegen ihren Willen huschte ein Lächeln über ihr Gesicht.

– Klar, aber jetzt mal ehrlich: Es ist immer noch hundert mal besser als diese Rostschleuder, die du im Moment fährst.

– Hm. Na gut ... aber du mußt es für mich putzen. Und die Reifen aufpumpen. Das ist im Preis inbegriffen.

– Okay, wird gemacht.

Ich ließ das Wasser von einem Teller ablaufen, bevor ich ihn mit schwungvoller Gebärde in den Abtropfkorb stellte.

Das Zen der Fahrradpflege war etwas, wovon ich nicht behaupten konnte, es je entdeckt zu haben. Die eigene gehegte und gepflegte Maschine zu putzen ist eines, sich um das verdreckte Gebrauchsrad seiner Freundin zu kümmern etwas völlig anderes. Er war erstaunlich, wie schnell meine Liebe zu meinem alten, einst so sorgsam gehüteten Fahrrad erkaltete, nachdem ich es Ruth vermacht hatte. Jetzt, da ich es nicht mehr verehrte, bedeutete es mir fast überhaupt nichts mehr. Ungeliebt, verlor es bald jeden Liebreiz. Wenn die Kette vom Regen zu rosten begann, spritzte ich ein bißchen Öl darauf, doch mit der Zeit wurde es zu einem krümeligen schwarzen Fett, das den ganze Mechanismus verstopfte. Irgendwann dauerte mich der Zustand ihres Rades dann so sehr, daß ich mich seiner erbarmte und es schnell abspritzte und einfettete. So erfüllte ich, wenn auch nicht gerade voller Eifer, meinen Teil unserer Abmachung.

Bei meinem eigenen Rad war das anders. Ich sorgte dafür, daß das gebürstete Aluminium der Kurbelgarnitur immer matt glänzte, daß die eloxierten Oberflächen der Felgen staubfrei waren und schimmerten, ja ich hielt sogar die Kette so sauber, daß selbst aus der Entfernung jedes einzelne silberne Glied zu erkennen war. Mit einer gewissen Erfahrung kann man während des Fahrens spüren und hören, ob die Kette gleichmäßig läuft. Das macht einen greifbaren Unterschied in dem, was ein Rad leistet, mehr noch als Aluminiumfelgen oder ein handgefertigter Rahmen. Wenn gerade nicht viel passierte, war das einzige, was man in einem großen, sich schnell bewegenden Feld von sechzig oder siebzig Fahrern hörte, das emsige Surren, mit dem die straffen Ketten um Kettenblätter und Ritzel herumsausten. Diese reine, kinetische Musik war das weiße Rauschen des Rennens. Manchmal nahm man es überhaupt nicht wahr, dann wieder löschte es alles andere aus.

Eine alte, ausgeleierte Kette, deren Glieder die Zähne nicht mehr eng umschlossen, oder eine, deren Hülsen mit Öl und Dreck verklebt waren, verlor die wunderbare Leistungsfähigkeit, die sie in neuem, noch mit dem Wachs des Herstellers polierten Zustand besaß. Wenn man sie aufgelegt hatte, mußte man die Kette ein wenig schmieren, um die Glieder zu lockern. Ein wenig, nicht zu viel: Überschüssiges Öl würde Dreck anziehen, vor allem wenn die Straßen naß waren. Dann würden die Räder kleine Schmutzpartikel in jeden beweglichen Teil spritzen. Schon nach einem einzigen Morgen konnte aus einer glänzenden, schnurrenden Übersetzung ein quietschendes Etwas geworden sein, das aussah und lief, als wäre es mit einer Mischung aus Sand und Zuckersirup geschmiert worden.

Eine der Prüfungen, denen man sich als passionierter Radfahrer ausgesetzt sah, bestand darin, daß man, wenn man im Winter von einer langen, harten Fahrt heimkam – mit schmerzenden Beinen und einem Ziehen im Rücken, eigentlich zu nichts mehr fähig außer dazu, auf dem Sofa zu liegen –, daß man sich dann noch eine Stunde oder noch länger über sein geliebtes, aber besudeltes Rad beugen mußte. Auch wegen des Salzes, das auf den winterlichen Straßen gestreut war, mußte man es unbedingt putzen, bevor die Korrosion den nicht rostfreien Stahl und die empfindlichen Aluminiumoberflächen zu zerfressen begann.

Für das alles gab es irgendwo einen rationalen Grund: Wenn man sein Rad nicht pflegte, ließ es einen früher oder später im Stich. Dann würde man an einem kalten, feuchten Sonntagmorgen irgendwo draußen in Kent stehen, dreißig Kilometer vom nächsten Fahrradladen entfernt – der ohnehin geschlossen sein würde –, und im höchsten Gang weiterfahren müssen, weil das Schaltseil gerissen war. Doch es war letztlich nicht der Verschleiß, der mich dazu motivierte. Wie alles andere auch war die Pflege des Rades eine Frage des Ernstes und der Disziplin, mit denen man das Radfahren betrieb. Der Zustand des Rades war ein sichtbares Zeichen der Ambitionen des Fahrers. Wenn man nicht bereit war, sein Rad zu putzen, woher sollte man dann die Bereitschaft nehmen, hart genug zu trainieren, um Rennen fahren zu können? Sich selbst und sein Rad vorzubereiten, war etwas, das mit Engagement zu tun hatte. Den Typen, die den Schmutz und Schlamm von letzter Woche an ihrem Rad ließen, fehlte einfach die richtige Einstellung.

Wenn man sich einen Profi ansieht, dann blitzt und glänzt an ihm alles wie neu – sein Rad, sein Trikot, die

Sonnenbrille, die Schuhe, ja sogar seine Beine. Wer schon einmal ein größeres Rennen vom Straßenrand aus verfolgt hat, der hat diesen tiefen Glanz gesehen, der die Fahrer mit einem halbgottähnlichen, goldenen Lichtschein umgibt. Auf dem Boden sind die Profis meist kleine, schmächtige Männer. Mit einem Gewicht, das durch beständiges Training und eine sorgfältig abgestimmte Ernährung bei siebzig Kilo oder darunter gehalten wird, sehen sie aus wie Tänzer, Jockeys oder Boxer. Doch auf ihren Maschinen wirken sie viel größer. Der tiefe Mahagonischimmer ihrer schlanken, sonnengebräunten Glieder und die exotischen Farben ihrer Hosen und ihrer Trikots erzeugen eine blendende Aura, wie Sonnenlicht, das im Objektiv einer Kamera aufscheint. Noch an den trübsten Tagen sehen sie so aus, als ließe sie eine übernatürliche Energie von innen heraus erstrahlen.

Damit würden wir niemals wetteifern können. Unsere Trikots wurden mit der Zeit grau vom Straßenschmutz und vom häufigen Waschen. Unsere Räder mußten mehrere Saisons überstehen, und ihr Lack verlor schnell seinen Glanz. Die Mechaniker der Profiteams wechseln an den Rädern ihrer Fahrer täglich die Ketten. Wir wechselten die Kette ein-, höchstens zweimal pro Saison und nur dann, wenn die durch die Belastung erfolgte minimale Dehnung jedes Gliedes die Funktionstüchtigkeit merklich beeinträchtigte. Doch ich tat mein Bestes, die Rolle vom Erscheinungsbild her auszufüllen, denn alles andere hätte mich schon vor dem Start als Verlierer gebrandmarkt. Sorg dafür, daß deine Maschine so neu wirkt wie möglich, dann hast du psychologisch schon einen Vorsprung. Wenn man gut aussah und die eigene Maschine sich in tadellosem Zustand befand, wurde das von den anderen registriert, und sei es auch nur unterschwellig.

Und als ich lernte, Rennen zu fahren, gewann meine Beziehung zu meinem Rad eine völlig neue Dimension. Die kühle, äußerliche Objektivität seiner glänzenden Winkel und polierten Oberflächen schliff sich mit jedem Kilometer ab, und das Rad fühlte sich mehr und mehr wie ein organischer Fortsatz meiner selbst an. Während ich von einem Rad zum nächsten wechselte und diejenigen, die ich gerade besaß, verfeinerte, stellte ich fest, daß jedes Rad sich anders anfühlte, durch die jeweilige Verbindung von Rahmentyp, Geometrie und Komponenten seinen eigenen Charakter hatte. Genau, wie einem Tennisspieler der Aufschlag oder einem Golfer das Ausholen irgendwann so in Fleisch und Blut übergeht, daß der Schläger sich wie eine Verlängerung von Arm und Hand anfühlt, so wird auch ein gutes Rad zu einem Teil des Fahrers. Mit der Zeit und mit den Kilometern paßt man sich aneinander an. Es entwickelt sich ein intimes Verhältnis. Wenn man seinen perfekten Partner gefunden hat, tanzt er mit einem, wenn man auf den Pedalen steht.

Durch die subtile Metamorphose, die eine durch Training endlos wiederholte Tätigkeit erfährt, begann die banale Beschäftigung des Radfahrens einen Reichtum an Erfahrungen zu enthalten, den man sich nie hätte vorstellen können, wurde zu etwas, das nicht nur befriedigend war, sondern schön. In seinen Erinnerungen an seine Jugend in Beverly Hills beschreibt Henry Miller sein damaliges Lieblingsfahrrad als seine erste Liebe. Es war ein elegantes Bahnrad mit einem abfallenden Oberrohr, das vor dem Krieg im böhmischen Chemnitz hergestellt worden war. Miller hatte es sich am Ende eines Sechstagerennens in den Madison Square Gardens in New York gekauft.

In den Madison Square Gardens traten die Zirkusse auf, die nach Manhattan kamen, und neben anderen populären Veranstaltungen fanden dort auf einer temporär errichteten Holzbahn auch professionelle Radrennen statt. Die Leute schlossen Wetten ab, gewannen oder verloren ein Vermögen, während die Radsportler so unglaubliche Leistungen vollbrachten, wie vierundzwanzig Stunden durchzufahren. Auch heute gibt es noch eine Art von Rennen, die man Madison nennt: ein Wettkampf zwischen Mannschaften aus je zwei Fahrern, die abwechselnd eine schnelle Runde mitfahren und sich eine Runde lang ausruhen. Beim Wechsel berührt der eine Fahrer den anderen nicht nur, sondern nimmt ihn an der Hand und schleudert ihn, seinen eigenen Schwung nutzend, nach vorn. Auf diese Weise jagen sich auf der Bahn mehrere Paare, was das Ganze zu einer spektakulären Form von Radrennen macht, die besondere Anforderungen an Kraft, Können und Mut der Fahrer stellt.

Miller war auf sein Bahnrad so stolz, daß er es nach jeder Fahrt putzte und polierte. Er brachte seine Mutter zur Verzweiflung mit den Ölflecken, die er im Flur hinterließ: *Manchmal geriet sie derart in Wut, daß sie voller Sarkasmus erklärte: Es wundert mich, daß du das Ding nicht mit ins Bett nimmst! Und ich gab zurück: Das würde ich auch tun, wenn ich ein anständiges Zimmer hätte und ein größeres Bett.*

Für Miller wurde dieses Rad »ein Freund fürs Leben«.

Als ich mir schließlich meine eigene leichte Rennmaschine kaufte, das rot-blaue Donohue, entwickelte ich zu ihm ein ähnliches Verhältnis. Ich konnte es nicht ertragen, wenn es schmutzig war. Seine Reinigung wurde zu einer Frage der Körperpflege. Obwohl das Putzen und seine Wartung immer eine unangenehme Arbeit blieben, fiel mir das Ganze doch nicht sehr schwer. Ich konnte gut einen Samstagnachmittag damit verbringen, wenn es nichts anderes im Fernsehen gab als das monotone Klicken des Fernschreibers, der die Fußballergebnisse bekanntgab. Ich setzte mich im Wohnzimmer auf den Boden, breitete vor mir ein altes Handtuch aus und nahm mir als erstes eine Nabe vor. Nachdem ich die Kugellager freigelegt hatte, wischte ich jede einzelne der zwölf Kugeln auf jeder Seite der Achse ab, dann ließ ich sie eine nach der anderen wieder in die Lagerschale fallen, preßte ein wenig frisches Lithiumfett hinein und setzte die Nabe wieder zusammen. Bei dem letzten, heiklen Teil dieser Operation mußten die Konen gerade so stark angezogen werden, daß die Lager fest an ihrem Platz saßen und die Felge nicht eierte, aber nicht so stark, daß es die reibungslose Rotation des Rades störte.

Das war eine mechanische Arbeit und eine geistlose, aber angenehme Art, diese wundersam leeren Stunden auszufüllen. Aber am Ende stand etwas, das wirklich vollendet war. Also doch noch ein Körnchen Zen.

– I! Nimm die bloß weg!

Ruth zuckte im Bett vor mir zurück, als hätte ich einen Miniatur-Stachelstock unter der Decke versteckt.

– Die piken!

– Tun sie nicht, gab ich zurück.

Es war drei Tage her, daß ich mir zum erstenmal die Beine rasiert hatte. Ich griff nach unten und spürte einen Hauch von Stoppeln. Sie kamen mir jedoch ziemlich weich vor, längst nicht so kratzig wie ein Bart.

– Hier, fühl doch mal. Die sind ganz weich, die piken gar nicht, fuhr ich in meinem sanftesten Ton fort. Ich näherte meine Beine wieder den ihren.

– Nein! schrie sie. Und *wie* die piken.

Sie schlug das Federbett unter ihren Beinen ein, so daß es jeden weiteren Kontakt verhinderte, und vertiefte sich in die neueste Ausgabe der *Vogue*.

Ich knipste auf meiner Seite das Licht aus. Nachdem ich eine Minute auf dem Rücken gelegen und gelauscht hatte, wie wir allmählich langsamer und im Gleichtakt atmeten, rückte ich näher an sie heran. Es kam zu einem kurzen Pas de deux unter der Decke. Schließlich fanden wir eine Möglichkeit, miteinander zu schlafen, bei der ich mit dem Bauch ihre Lendengegend wärmte, während ich die Beine von ihr wegstreckte und sie die ihren anzog, so daß sie einander nicht berührten.

Am schwierigsten war es an den Knien: vorn all diese buckligen Erhebungen und dunklen Vertiefungen, die der Rasierer wie ein bösartiger kleiner Rasenmäher zu glatten Flächen zurechtzuschneiden versuchte. Und hinten all diese lästigen Falten und leicht zu verletzenden Sehnen. Es war in vielerlei Hinsicht eine heikle Angelegenheit.

Als ich meine Beine zum erstenmal in rasiertem Zustand sah, rosa vom Bad und plötzlich glatt, war ich sehr irritiert. Es war, als wären es nicht meine. Sie sahen zwar nicht aus wie die Beine einer Frau, aber auch nicht so wie die eines Mannes. Sie wirkten muskulöser und zugleich schlanker als meine eigenen. Sie hatten etwas von dem ein wenig unheimlichen androgynen Charakter der Beine von Tänzern.

Das Rasieren ist etwas, worüber wenig gesprochen wird, und doch zugleich etwas, was alle Radrennfahrer vereint. Ich dachte an die Teilnehmer der Tour. Sie mußten das auch kennen, es sei denn, sie bekamen die Beine von ihrem *soigneur* rasiert – einem Betreuer, dessen Aufgabenbereich außer der physiotherapeutischen Behandlung auch spirituellen Beistand und das Spülen der Trinkflaschen umfaßte.

Für Radsportler ist die eigentliche Frage beim Rasieren die, wie weit man dabei geht. Bei Rennen sah man in den Umkleideräumen alle möglichen Ad-hoc-Lösungen für diese Preisfrage. Manche rasierten sich bis kurz über die Stelle, wo ihre Lycrahose aufhörte. So weit, so gut, könnte man sagen, aber im Umkleideraum sah das lächerlich aus, weil es den lebhaften Eindruck erweckte, daß sie eine Hose aus Haaren trugen. Bei einem besonders stark behaarten Fahrer konnte es aussehen, als trüge er eine blickdichte Strumpfhose, die über den Knien abgeschnitten war. Andere rasierten sich bis weiter hinauf, aber das eine, was ein Radsportler nie tun durfte, war, sich bis zur »Bikini-Linie« zu rasieren. Die Auswirkungen, die es hatte, wenn das Innenleder der Hose an Stoppeln innen am Oberschenkel scheuerte, schlossen diese Möglichkeit radikal aus.

Ich fand schließlich einen Kompromiß, mit dem ich glücklich war: Außen am Bein rasierte ich mich den ganzen Oberschenkel hinauf, während ich an der Innenseite oben noch einen Streifen stehenließ. Das Ritual des Rasierens wurde zu einem angenehmen Teil meines Samstagabendbades, so daß ich mit glatten, makellosen Beinen zum sonntäglichen Rennen antrat. Mit einiger Übung konnte ich den Zeitaufwand auf fünfzehn bis zwanzig Minuten reduzieren, was nicht viel länger war, als ich auch sonst in der Wanne lag.

Zumindest das Insbettgehen war ein beglückendes Erlebnis. So auf der bloßen Haut fühlten sich die kühlen Laken wie eine Liebkosung an – ein Gefühl, wie wenn man ins Wasser eintaucht. Auch mit rasierten Beinen in einen Swimmingpool zu springen war ein Erlebnis von schockierend neuer sinnlicher Direktheit. Es war, wie wenn man eine Melodie, die man von einer knisternden alten Analogaufnahme kennt, plötzlich in der frischen, digitalen Klarheit einer CD hört.

Außer auf dem Fahrrad trug ich ungern Shorts, nicht nur weil meine Beine rasiert waren, sondern auch wegen der merkwürdig begrenzten Bräune, die man durch das Tragen von Fahrradhosen bekam. Wenn man normale

Shorts trug, mußte man welche finden, die bis zum Knie reichten, wenn man nicht einen lächerlichen weißen Ring von sonst bedeckter Haut entblößen wollte. Doch sosehr ich mich unter Zivilisten für meine rasierten Beine genierte, fühlte ich mich doch geschmeichelt, wenn sie jemandem auffielen. Es gab mir Gelegenheit, zu verkünden, daß ich Radfahrer war – nicht nur Radfahrer, sondern Rad*renn*fahrer. Mir die Beine zu rasieren war, wie das Abzeichen einer erlesenen Gemeinschaft zu tragen. Es war dasselbe, wie wenn jemand sieht, daß in deiner Brieftasche die Mitgliedskarte der Partei steckt. Es erfüllte mich mit Stolz.

Eines erlesenen, aber nicht exklusiven Kreises. Auch Bodybuilder und Schwimmer rasieren sich, und zwar nicht nur die Beine, sondern den ganzen Körper. Bei Schwimmern hat das einen offensichtlichen hydrodynamischen Effekt: Durch Haare halten sich dicht an der Haut Luftblasen, die den Strömungswiderstand erhöhen. Wasser ist tausendmal viskoser als Luft: Bei einem Wettkampf, bei dem Hundertstelsekunden entscheidend sein können, ist jede eliminierbare Quelle von Strömungswiderstand von potentieller Bedeutung. Zudem behaupten Schwimmer, durch das Rasieren bekämen sie mehr »Gefühl« für das Wasser. Matt Bionis Trainer ließ ihn bei der Vorbereitung auf die Olympiade in Seoul mit Delphinen schwimmen, damit er sich in ihre mühelose Art der Fortbewegung einfühlte. Im Englischen verwenden Schwimmer den Ausdruck *catching the water*, als würden sie mit ihren Zügen das Wasser überlisten und einfangen. Sie lernen, sich mehr mit Gefühl als mit Gewalt einen Weg durch das Wasser zu bahnen. Anscheinend braucht man als Schwimmer außer Schnelligkeit, Kraft und Ausdauer auch diese enge Vertrautheit mit seinem Element.

Radsportler haben keine derartige Beziehung zu der Luft, durch die sie sich bewegen. Nicht, daß die Aerodynamik keine Rolle spielt: Ab dreißig Stundenkilometern besteht die Arbeit, die ein Radfahrer leistet, fast ausschließlich darin, die Geschwindigkeit gegen den Luftwiderstand aufrechtzuerhalten. Man braucht nur einmal gegen den Wind zu fahren, um herauszufinden, was für einen Unterschied das macht. Nichts ist frustrierender, als gegen starken Gegenwind anzukämpfen, durch den man in einem niedrigen Gang dahinkriecht. Es fühlt sich an, als quäle man sich eine endlose Steigung hinauf, wobei noch das psychologisch vernichtende Wissen hinzukommt, daß man auf flacher Strecke fährt.

Unter diesen Umständen ist der Nutzeffekt rasierter Beine zu vernachlässigen, auch wenn sich im Volk hartnäckig die Meinung hält, daß sich Radrennfahrer vor allem aus aerodynamischen Gründen die Beine rasieren. Außer vielleicht bei einer kleinen Zahl von hochspezialisierten Bahnveranstaltungen, wie etwa beim olympischen Sprintrennen (einem Ein-Kilometer-Spurt gegen die Uhr), ist das nicht der Fall. Bei Straßenrennen gibt es zu viele Variablen, die von weit größerer Bedeutung sind.

Doch da die Antworten der Radsportler selbst auf die Frage, warum sie sich die Beine rasieren, so vielfältig sind, ist es verständlich, daß hier eine gewisse Verwirrung herrscht. Manche Fahrer behaupten, an rasierten Beinen ließen sich Wunden leichter reinigen und verbinden. Wenn man bei vierzig oder fünfzig Stundenkilometern stürzt, schürft der Asphalt einem die Haut auf wie in Beton eingelassenes Schmirgelpapier. Stürze oder *chutes*, wie die Franzosen sie nennen, sind das Berufsrisiko des Rennfahrers. Man bekommt keine Rennlizenz ohne den Nachweis regelmäßiger Tetanusimpfungen. Manche Fahrer verstehen sich darauf, Unfälle zu vermeiden, andere dagegen scheinen so anfällig dafür zu sein, daß man den Eindruck hat, es laste ein Fluch auf ihnen. Erfahrung hilft. In meinen ersten beiden Saisons endeten für mich allzu viele Rennen mit einem Sturz, und ich mußte lernen, mit dem zu leben, was man unter Eingeweihten »Tapete lassen« nennt. Es ist oft nicht leicht einzuschlafen, wenn man wegen einer offenen Stelle und dem tiefen Bluterguß darunter auf einer Seite nicht liegen kann. Manchmal eiterten solche Schürfwunden tagelang in den Mull, bevor sie endlich trockneten und zu heilen begannen. Vielleicht bildete ich mir das nur ein, aber manchmal hatte ich an solchen Tagen schrecklichen Durst, als verlöre mein Körper Flüssigkeit wie bei starken Verbrennungen.

Nach dieser Saubere-Wunden-Theorie verringern rasierte Beine im Fall von Abschürfungen das Risiko von Infektionen. Doch egal, ob behaart oder nicht, eine Salzlösung aus der Sprühdose gab ein wirkungsvolles Reinigungsmittel ab. Und weil eine Wunde Wochen braucht, um ganz zu verheilen, wuchsen die Haare in der Zwischenzeit ohnehin wieder nach. Wenn die Verletzung schwer genug war, wurde sie außerdem mit antibiotischem Puder behandelt. Mich hat die Theorie nie überzeugt. Und die Narben an meinen Hüften, Lenden und Ellbogen, die mir geblieben sind, bestätigen mich in meinen Zweifeln.

Eine andere Begründung für das Rasieren ist, daß viele Fahrer ihre Beine gern mit einem Wärmemittel einreiben, besonders vor den Rennen zu Saisonbeginn, wenn es draußen noch kalt und naß ist. Das Einreibemittel soll die Durchblutung fördern und kalte Muskeln aufwärmen. Zumindest fühlen sich die Beine durch das orangefarbene, mentholhaltige Zeug, das in spezialisierten Fahrradläden verkauft wird, ein wenig anästhesiert an. Der Sinn des Rasierens besteht in diesem Fall darin, daß es eine ziemliche Schmiererei wäre, behaarte Beine mit dem Mittel einzureiben, und eine noch undankbarere Aufgabe, sie nach dem Rennen zu reinigen. Nach drei oder vier Stunden auf nassen Straßen klebt einem aller mögliche Dreck an den Schienbeinen, erst recht, wenn man sie zuvor mit einem schmierigen Wärmegel eingerieben hat.

Diese Argumentation scheint mir ein wenig mehr Gewicht zu haben als die anderen. Zu Anfang der Saison benutzten fast alle dieses Zeug. Es gehörte mit zum Ritual der Vorbereitung auf ein Rennen. Man brauchte nur an einem kühlen Sonntagmorgen im März das schäbige Gemeindehaus des Ortes zu betreten, und schon stachen einem die Dämpfe der Einreibemittel mit ihrer ganzen medizinischen Macht in Nase und Augen. Es war, als hätte jemand ein riesiges Faß Wick VapoRub als Bohnerwachs benutzt. Dieser Mentholgeruch gehört ebensosehr mit zur Atmosphäre des Umkleideraums wie das gespreizte Gerede der Fahrer, ihr gezwungenes Gelächter und das angespannte Schweigen. Mehr noch als der Gestank der Klohäuschen, vor denen die Fahrer Schlange standen, um ihre Eingeweide zu entleeren, war der Einreibemittelgeruch synonym mit der Nervosität vor einem Rennen.

Der wahre Grund, warum Radsportler sich die Beine rasieren, ist ein sehr einfacher: Weil alle anderen es auch tun. Niemand gibt das gern ohne Umschweife zu, doch letztlich hat das Rasieren der Beine für alle in erster Linie eine ästhetische Dimension: Ein Radrennfahrer hat einfach so auszusehen.

Sich zum erstenmal die Beine zu rasieren, kommt einem Initiationsritus gleich, den man an sich selbst vollzieht. Mehr als alles andere, was man bis dahin getan haben mag, bedeutet es, daß man beschlossen hat, Radrennfahrer zu werden. Jetzt gehört man mit dazu. Und weil sich alle, die Radrennen fahren, fast ohne Ausnahme und unabhängig von dem jeweiligen Level und Können die Beine rasieren, wirken behaarte Beine in Fahrradhosen bald unfein und lächerlich. Nur jemand, dem es nichts ausmacht, wie ein blutiger Anfänger, ein völliger Außenseiter oder ein totaler Versager auszusehen, würde mit behaarten Beinen zu einem Rennen erscheinen.

Oft hat das, was beim Radfahren ästhetisch ist, auch einen konkreteren Zweck. In einer Gruppe fährt man immer am Hinterrad. Es ist nur natürlich, daß man registriert, wie die Beine des Vordermanns aussehen – wie ausgeprägt zum Beispiel seine Wadenmuskeln sind. Unbewußt versucht man, an ihnen abzulesen, wie fit und wie stark der Fahrer sein mag. Da steht es, man braucht sich nur seine rasierten Beine von hinten anzusehen. Hat er sehr definierte Muskeln, dann heißt das, daß sein Körperfett sehr weit abgebaut ist. Es bedeutet, daß er hart trainiert hat. Doch wenn seine Muskeln sehr massiv sind, kann man darauf wetten, daß der Fahrer ein guter Sprinter ist, aber Schwierigkeiten haben wird, wenn es bergauf geht.

Bei einem Rennen sind das wichtige Informationen. Es sagt einem nicht alles, und es gibt viele aussagekräftige Kriterien, an denen sich ablesen läßt, welche Fahrer sich nur an andere dranhängen wollen und welche wirklich bereit sind zu arbeiten. Dennoch stellt man Beobachtungen an, schaut, wer »die Beine hat«. Als eines der obligatorischen Dinge beim Radsport, als Teil seines Geheimwissens, wird einem das bald zur zweiten Natur.

Wenn er nicht auf dem Rad saß, war Andy Saxophonist. Er hatte zur Szene gehört. Eine Zeitlang, Mitte der achtziger Jahre, war er nahe daran gewesen, groß rauszukommen mit einer Band, die ein paar Charthits landete. Und eine Zeitlang hatte er, wie er gern andeutete, auch den dazugehörigen Lebensstil genossen – die Gigs und die Groupies. Jetzt hatte er eine feste Freundin und spielte Jazz. Er spielte für Geld bei Hochzeiten und in Pubs und zum Vergnügen mit einem eigenen Quartett, doch er hatte durchaus Ambitionen mit der Jazz-Funk-Band, die er leitete. Sie hofften, demnächst einen Plattenvertrag unterschreiben zu können. Als ich ihn kennenlernte, schienen das Saxophon und das Rad sich mit gleichem Recht um seine Zeit zu streiten.

Als Freiberufler mit ungeregelter Arbeitszeit stand Andy oft für eine Trainingsfahrt zur Verfügung, wenn ich einmal einen Nachmittag freibekam. Mick dagegen war durch seinen Job bei Mosquito Bikes an die Geschäftszeiten gebunden. Mosquito war eines der letzten noch übriggebliebenen Beispiele für die vielen genossenschaftlichen Unternehmen, die in London aus der Saat der Gegenkultur der siebziger Jahre hervorgesprossen waren. Nicht nur politisch, sondern auch in werbeästhetischer Hinsicht progressiv, warben sie mit stilvollen Anzeigen in *Marxism Today*. Doch Anfang der neunziger Jahre existierte »MT« nicht mehr, und selbst der letzte Statthalter der Untergrundpresse, die Zeitschrift *City Limits*, starb dahin. Mosquito ging mit der Zeit, gab den alten Genossenschaftsstatus auf und strukturierte die Besitzverhältnisse in einer Weise um, daß die festen Mitarbeiter einen entscheidenden Anteil bekamen. Doch etwas von dem alten Ethos blieb erhalten, und da der Laden in der Essex Road lag, profitierte das Geschäft von den liberalen Anwälten, den linken Journalisten und der bunten Mischung von Pendlern, die von Islington und Stoke Newington ins Zentrum radelten. Auch wenn dieses nonkonformistische Völkchen, das trotz seiner Prinzipien und dem regelmäßig bezahlten Gewerkschaftsbeitrag erstaunt zu sein schien, daß ein Genossenschaftsladen für eine Arbeitsleistung überhaupt Geld verlangte, Micks Geduld oft auf die Probe stellte, fühlte er sich dort doch heimisch.

Andy war ebenfalls Mitglied im VCL, und als wir anfingen, zusammen Rad zu fahren, hatte er bereits eine Saison lang mit Mick an Rennen teilgenommen. Abgeschreckt von meinem ersten Training auf der Bahn, das mit einem Sturz geendet hatte, schob ich meinen Einstieg in den Rennsport noch ein Jahr auf. Bei meinem ersten Rennen, das bei Reigate stattfand und an dem teilzunehmen Mick mich überredet hatte, fiel ich dann ans Ende zurück, bevor das Rennen überhaupt begonnen hatte. Die neutralisierte Zone schloß eine steile, kurvige Abfahrt ein. Weil ich der gefährlich aussehenden Straßenwölbung nicht traute, bremste ich auf dieser Abfahrt immer wieder leicht ab. Ehe ich mich's versah, sausten die anderen Fahrer mit einer selbstmörderischen Verwegenheit auf beiden Seiten an mir vorbei.

Die meisten Straßenrennen beginnen mit einem fliegenden Start und einem neutralisierten Bereich. Das ist nötig, weil sich das Rennbüro normalerweise nicht an der Rennstrecke selbst befindet, so daß diese Zone von einigen hundert Metern bis zu mehreren Kilometern lang sein kann – je nachdem, wie weit die eigentliche Rennstrecke entfernt liegt. Der Begriff »neutralisiert« ist irreführend: Offiziell ist kein Wettkampf erlaubt, bis der Kommissär im voranfahrenden Wagen die Flagge gesenkt hat. In der Praxis findet jedoch ein oft wildes und kompromißloses Gerangel um Positionen statt. Da ich darauf nicht vorbereitet war und der Gedanke, in einer so großen Gruppe von Fahrern auf Tempo zu fahren, mir angst machte, befand ich mich bereits ganz am Ende des Pelotons, als das Rennen losging. (Das Wort »Peloton« benutzten wir allerdings nie, außer wenn wir von der Tour sprachen. Es hätte affektiert geklungen. Wir gehörten zum »Feld«.) Bald kämpfte ich darum, den Kontakt zu halten, und dann kam es nach nur einem Kilometer unter den Fahrern im hinteren Teil zu einem Sturz durch touchierende Laufräder. Ich bremste und kam hinter dem Gewühl von gestürzten Fahrern zum Stehen, mit dem meine schlimmsten Befürchtungen Wirklichkeit wurden – nur daß ich selbst diesmal wie durch ein Wunder einer Verletzung entgangen war. Ob es bei jedem Rennen einen Sturz gibt? fragte ich mich. Wer würde bei so einem Wahnsinn mitmachen?

Als ich schließlich die Fassung zurückgewonnen hatte und meine Füße wieder in den Riemen steckten, war das Feld mir schon fast einen Kilometer voraus. Eine halbe Runde lang jagte ich ihm mit einer Handvoll anderer Fahrer verzweifelt hinterher, bis ich erschöpft und entmutigt beschloß aufzugeben und langsam zu den Umkleideräumen zurückradelte. Dort stieß bald Mick zu mir. Er war zwar um den Unfall herumgekommen, aber nach einer weiteren Runde hatte er das Tempo nicht mehr halten können und war abgehängt worden. Ich kam zu dem Schluß, daß der Radrennsport nur etwas für die aus Dummheit Furchtlosen oder für knallharte Typen war. So ließ ich den Plan, Radrennen zu fahren, erneut für den Rest der Saison fallen.

Mick dagegen ließ sich nicht so leicht entmutigen, und bald beendete er seine ersten Rennen und sammelte dann seine ersten Punkte für Plazierungen. Selbstzweifel und Neid erfüllten mich, als mein Freund und Radsportkamerad in eine andere Liga aufstieg. Obwohl wir demselben Verein angehörten, hatte er die Weihen zu etwas Höherem empfangen, dessen Riten ich nur erahnen konnte. Eine Zeitlang schien es, als würden wir nun verschiedener Wege gehen, und ich beneidete ihn auch um den Bund, den er mit Andy geschlossen hatte. Sie unterstützten sich gegenseitig bei Rennen, hielten nacheinander Ausschau, arbeiteten bei Ausreißversuchen zusammen oder schützten den Vorteil des anderen, indem sie bei der Fluchtgruppe den »Aufpasser« spielten.

Doch Micks Kampfgeist fehlte mir nicht vollkommen, und ich arbeitete hart an meiner Form. Ich war immer bereit zu einer Trainingsfahrt, und so fuhren Andy und ich, die beiden Nichtstuer, unter der Woche oft nachmittags zusammen Rad. Harte Touren fuhr er mit mir, über kleine Straßen in den Downs und durch den Weald, die ich noch nicht kannte. Er war in Rennform, so daß ich mich anstrengen mußte, um bei den Anstiegen sein Hinterrad halten zu können. Doch bei der Heimfahrt, auf der letzten langgezogenen Steigung nach Crystal Palace hinauf, nahm er mich jedesmal auseinander. Er steigerte in einem hohen Gang ganz langsam das Tempo, bis ich einfach zurückfiel. Dann stand er oben und wartete auf mich, wobei er noch so frisch aussah wie hundert Kilometer zuvor, während ich mich keuchend, schwach und kurz vorm Erbrechen die letzten paar Meter der Steigung hinaufquälte.

Andy fuhr ein holländisches Rad, das blau umgespritzt war, mit einer uralten Campagnolo-Komponentengruppe und einem dunkelblauen Ledersattel, auf dem hinten TURBO stand. Stundenlang klebte ich an seinem Hinterrad und las geistesabwesend dieses Logo. Ich sehe es heute noch vor mir, als hätte man mir das Bild auf die Netzhaut tätowiert. Was die Ausrüstung anging, war Andy altmodisch. Wenn es sie noch gegeben hätte, hätte er wohl die alten Wollhosen gewählt. An warmen Tagen rollte er die Beine seiner Lycrashorts ohnehin nach oben. Wie er behauptete, wegen der Bräune. Doch es sah aus, als würde er Wollhosen tragen.

Er machte keinerlei Zugeständnisse an die jährlich wechselnde Mode von Profiteam-Trikots mit ihren Collagen aus Sponsorenlogos oder an die bunten Leuchtfarbenkreationen umsichtig gekleideter Fahrradpendler. Außer bei Rennen, wo er im Vereinstrikot fahren mußte, trug Andy immer nur Schwarz. Er sah aus wie die Zeitfahrer aus den fünfziger Jahren mit ihren Strickjacken aus schwarzer Alpacawolle. Von seiner Ausstrahlung und Erscheinung her ähnelte Andy ein wenig Reg Harris, dem britischen Bahnsporthelden der Nachkriegszeit. Er war ebenso direkt und kämpferisch, hatte dieselbe gedrungene Statur und dieselben kräftigen Oberschenkel.

– Was ist damals eigentlich passiert? fragte ich ihn eines Tages auf einer Trainingsfahrt, provoziert durch eine lässige Anspielung auf seine glanzvolle Vergangenheit in der Band.

– Ach, das Übliche. Ein paar Singles, die sich ganz gut verkauft haben, eine Tour als Vor-Band, die auf mehr hoffen ließ ... aber dann kam das Album nicht so gut an, und die Streitereien hinter der Bühne begannen. Die Plattenfirma war *natürlich* Scheiße und wollte unseren Vertrag nicht erneuern. Plötzlich kommt kein Geld mehr rein, und irgendeiner bekommt ein besseres Angebot ... und dann löst die Band sich auf.

– Sehnst du dich nicht danach zurück? fragte ich ihn.

– Nein. So was machst du *ein* Mal, und entweder schafft du's, und dann wir es dein Beruf, oder du wächst aus dem Ganzen raus.

– Und jetzt?

– Jetzt spiel ich Saxophon. Fahre Rad. Und werd vielleicht Lehrer.

Andy wußte immer, wo er in der Welt stand und was sein Ziel war. Er besaß eine altmodische Integrität und ein unverwüstliches Selbstvertrauen, das meine Bewunderung und zugleich meinen Neid erregte. Es war, als ob Zweifel und Angst einfach nicht zu seinem Repertoire gehörten.

Es war Andy, der mich unter seine Fittiche nahm, als ich wieder anfing, Rennen zu fahren. Mick war schon flügge geworden, und jetzt war ich der Neuling, dem Andy das eine oder andere beibringen konnte. Nicht, daß er selbst ein besonders erfolgreicher Rennfahrer gewesen wäre, aber er wußte, wie es ging, und er war ein Arbeitstier. Ich für meinen Teil hatte mich durch die Vereinstouren und die Trainingsfahrten an Sommerabenden, an denen manchmal ein Dutzend oder mehr Fahrer teilnahmen, allmählich daran gewöhnt, in einer dichten Formation auf Tempo zu fahren. Ich war zwar noch immer ein Grünschnabel, aber zumindest war ein Teil meiner Angst auf der Strecke geblieben.

Auch wenn Andy für einen Radsportler ziemlich schwer aussah – er hatte Oberschenkel wie ein Fußballer –, gewann er regelmäßig das Bergrennen des Vereins. Auf kurzen steilen Anstiegen konnte er mit einer ungeheuren Kraft und Schnelligkeit auftrumpfen und einen unglaublich hohen Gang fahren, während der Rahmen seines Rades sich fast sichtbar unter der Last bog. Und er verstand es auch, sich zu quälen, die Schmerzen auszuhalten und sie zu überwinden. Die alten Hasen, neben denen man manchmal bei Vereinsfahrten fuhr, erzählten, daß die Männer, die Berufsrennfahrer wurden, früher oft Bauernsöhne gewesen seien, die es gewohnt waren, hart zu arbeiten, sich bei jedem Wetter zu schinden. Andy war zwar nicht gerade bäuerlicher Abstammung – seine Familie kam aus Liverpool (das wußte ich, weil er einmal mit dem Rad an einem Tag von London nach Liverpool fuhr, um sie zu besuchen) –, doch in dieser Bereitschaft weiterzukämpfen, die, wie ich später erkannte, jeden Respekt verdienenden Rennfahrer auszeichnet, besaß er etwas von dieser alten Größe.

Für seine Statur hatte er eine gute Kondition, doch bei langen Rennen waren seine Plazierungen hart erkämpft.

Er war ein vorsichtiger Fahrer und ziemlich unorthodox – er fuhr lieber am Ende des Feldes, von wo aus er alles überblicken konnte. Andy fungierte oft als der selbsternannte *patron*, als der Chef des Feldes. Wenn er fand, daß jemand wie ein Idiot fuhr, dann sagte er es ihm, und zwar so, daß der andere es auch verstand. Mancher ärgerte sich vielleicht über seinen Führungsanspruch, aber die meisten waren ihm insgeheim dankbar. Ein Rennen, bei dem alle in Sechser- oder Siebenergruppen fahren und sich ständig ohne große Wirkung in Angriffen und Gegenangriffen aufreiben, wird bald frustrierend. Manchmal braucht man jemanden, der die Führung übernimmt und das Ganze organisiert. Der fünfmalige Tour-Sieger Bernard Hinault war berühmt dafür, daß er entschied, wie das Rennen an einem bestimmten Tag zu laufen habe, und nur wenige Fahrer wollten seinen Unmut auf sich ziehen aus Angst, von ihm und seinen Chargen in die Mangel genommen zu werden: bei einer gemeinsamen Attacke mitgehen zu müssen und dann bei der leisesten Andeutung von Verwundbarkeit hinten ausgespuckt zu werden. Andy hatte etwas von dem »Dachs«, wie die Franzosen Hinault nannten, und er genoß die Rolle, auch wenn sie weitgehend symbolisch war.

Eines Sonntagmorgens nahmen wir bei echtem Schmuddelwetter an einem der ersten Rennen der Saison teil, das durch die hügelige Landschaft von Kent südlich des Weald führte. Ich hatte den ganzen Winter hindurch dafür trainiert – für meine erste volle Rennsaison – und brannte vor Tatendrang. Das Feld rollte zunächst gemächlich dahin, strengte sich kaum genug an, um in der kühlen Märzluft ins Schwitzen zu kommen. Nach wenigen Kilometern verlor ich die Geduld und attackierte. Während des größten Teils der ersten Runde war ich der Spitze nur wenige hundert Meter voraus, aber keiner schien daran interessiert zu sein, sich mir anzuschließen. Es war wunderbar, so leicht wegzukommen, aber auch irritierend – was nun? Auf den nächsten Kilometern stabilisierte sich der Abstand auf etwa zweihundert Meter. Ich stellte fest, daß man allein viel härter arbeiten muß als beim Hinterradfahren im Feld.

Es war die erste Runde, und ich kannte die Strecke nicht. Jetzt, da wir zur größten Steigung kamen, begann ich zu leiden. Ich sah zurück: Mein Vorsprung schrumpfte schnell zusammen. Im nächsten Moment rauschte das Feld in einem scheinbar unmöglichen Tempo an mir vorbei. Später wurde mir klar, daß jemand den Anstieg als Zeitpunkt für eine Attacke gewählt hatte – eine klassische Taktik, denn an den Hängen der Hügel werden die wertvollen paar Sekunden gewonnen, die dann im Flachen zu unüberbrückbaren Vorsprüngen werden – und das Feld auf diesen ernstzunehmenden Vorstoß reagierte. Auf einmal zog Andy an mir vorbei und kläffte mich an, ich solle das Tempo aufnehmen und mich wieder ins Feld einreihen. Ich wußte, daß es ernst war, denn er bildete fast immer das Schlußlicht. Ich schaffte es gerade noch, Kontakt zu halten, und erhielt zum Lohn eine knappe Strafpredigt darüber, daß ich nicht fahren solle wie ein Idiot.

Ich blieb eine Runde lang dabei, aber als bei dem Anstieg wieder das Gleiche passierte, konnte ich einfach nicht mithalten. Es war viel, viel härter als alles, was ich bei den wöchentlichen Vereinsfahrten erlebt hatte. Rennen schienen ein ganz anderes Leistungsniveau zu verlangen. Binnen Sekunden fiel ich durch das Feld zurück, und plötzlich war ich allein. Noch bevor mir die Enttäuschung und die Schande bewußt geworden waren, war ich nach hinten rausgefallen. Ich riß mich noch einmal aus dem Sattel und versuchte, meinem Rad die Sporen zu geben, doch meine Beine waren hinüber. Ich war abgehängt worden.

Ich jagte dem Feld eine Runde lang hinterher, zusammen mit zwei Veteranen, Männern, die alt genug waren, um mein Vater zu sein. Als der Morgennebel in kalten Regen überging, wurde die Straße glitschig. In einer schnellen Kurve spürte ich, wie mein Hinterrad minimal seitlich ausbrach, und begann, die Nerven zu verlieren. Schließlich konnte ich nicht einmal mehr das Hinterrad der beiden Veteranen halten. Naß und deprimiert stieg ich bei der Abzweigung zum Rennbüro vom Rad.

Andy fuhr öfter am Hinterrad, als er attackierte, aber er hatte auch starke Beine und einen unerschöpflichen Vorrat an Entschlossenheit. Es regnete, und eine Runde folgte auf die andere. Ein durchnäßter Fahrer nach dem anderen gab auf. Als das Feld zusammenschrumpfte, landete Andy in der Spitzengruppe, wo nur noch neun oder zehn Fahrer miteinander rangen. Ich zog mir einen Regenumhang an und ging dann zurück, um mir das Ende des Rennens anzusehen, dessen Ziellinie sich oben auf dem Hügel befand, der meine Nemesis gewesen war. Die Spitzengruppe traf ein: Die ersten sprinteten verzweifelt zu zweit und zu dritt Ellbogen an Ellbogen um die Plazierungen, doch die nächsten kamen einer nach dem anderen an. Keuchend, mit hängenden Schultern, froh, es noch bis zur Linie zu schaffen.

Schließlich traf Andy mit dem Rest der Spitzengruppe ein, an neunter Stelle, anscheinend völlig erledigt. Er stieg vom Rad und blieb, nach Atem ringend, steif vornübergebeugt stehen. Ich murmelte etwas von Glückwünschen, doch als er sich aufrichtete, sah ich, daß er fuchsteufelswild war.

– Dieses Arschloch hat mich überholt! Dieser ausgekochte kleine Scheißkerl! Dem werd ich was erzählen. So was kann er nicht machen.

Mit diesen Worten stieg er wieder aufs Rad und lenkte es mit verbissenem Gesicht in Richtung des Umkleideraums in dem winzigen Gemeindehaus. Ich hatte keine Ahnung, wovon er sprach, auch wenn klar war, daß es um irgendein unfaires Verhalten ging.

– Was ist passiert? fragte ich, als ich ihn einholte, und beobachtete sein Gesicht im Profil.

– Dieser Kerl in dem Central-Sussex-Trikot, der war in der letzten Runde völlig am Arsch. Hat keine einzige Schicht übernommen. Wir hätten ihn abhängen können, aber ich hab die Fluchtgruppe organisiert, und ich hab ihm gesagt, er kann ruhig hinten mitfahren, solange er nicht am Ende versucht, an irgendwem vorbeizuziehen. Aber genau das hat er getan, er ist an mir vorbei, das Schwein! Das kann man nicht machen. Das muß er lernen.

Ich wurde nervös. Andy hatte einmal jemanden nach einem Rennen niedergeschlagen, nach einer langen, heißen Diskussion im Sattel, die sich im Umkleideraum fortsetzte. Ein Schlag, und die Frage war geklärt.

Andy stellte sein Fahrrad zwischen die anderen, die an der bemoosten Backsteinwand des wohl hundert Jahre alten Hauses lehnten. Da so viele Fahrer das Rennen nicht beendet, sich schon umgezogen und auf den Heimweg gemacht hatten, war der Saal schon halb leer. Andy marschierte so zielstrebig, wie seine Schuhplatten es zuließen, in den dämmerigen, muffigen Raum. Sein Gegner saß auf einer Bank, ohne Schuhe und Socken, aber sonst noch in voller Montur – einschließlich seines Teamtrikots, das ihn als den Übeltäter auswies. Dort, wo es ihm gelungen war, den Straßenschmutz abzuschrubben, waren seine langen Beine leuchtend weiß.

Er war sehr viel jünger und schmächtiger als Andy. Ich war erleichtert: Er sah nicht so aus, als würde er aufstehen und eine Schlägerei anfangen.

– Das war ja wohl das *letzte*, brüllte Andy, der so dicht vor ihm stand, daß die beiden, wenn der Junge versucht hätte aufzustehen, mit der Nase zusammengestoßen wären. Du hast kein Stück gearbeitet, aber wir haben dich mitgezogen. Dafür wolltest du keinem seine Punkte klauen. So war es abgemacht.

So zu Andy aufsehend, wirkte der andere sehr jung und sehr klein. Entweder um sein Gesicht zu wahren oder weil er einfach nicht wußte, was er tun sollte, rieb er demonstrativ weiter an seinen Schienbeinen herum.

– Ich habe gar nichts abgemacht. *Du* hast das vorgeschlagen. Es kam in einem weinerlichen Ton heraus. Niemand ergriff seine Partei.

– So war es abgemacht, und du weißt es genau, fuhr Andy fort. Wir hätten dich jederzeit abhängen können. Wenn wir dich mitgezogen haben, hieß das, daß du nicht zu arbeiten brauchst, aber dafür warst du nicht mehr im Rennen. Was mich angeht, hast du mir dein Wort gegeben, und du hast es gebrochen. Das macht man einfach nicht. Andy ließ den letzten Satz einen Moment lang wirken, bevor er sich umdrehte und zu dem Plastikstuhl neben mir stakste, auf dem seine Tasche lag.

– Ja, tut mir leid, okay? ... Tut mir leid, Kumpel.

– Tu das nie wieder. Andys Wut ließ nach, doch als wäre er jetzt auf Konfrontation eingestellt und wüßte nicht, wie er auf die kleinlaute Entschuldigung und die Büßerpose des Jungen reagieren sollte, flammte sie noch einmal kurz auf. Das macht man einfach nicht *bei einem Rennen*!

Auf dem Heimweg, im Auto, war der Ton zwischen Andy und mir ziemlich gezwungen. Andy wirkte immer noch verärgert, und ich fühlte mich auf merkwürdige Weise mitschuldig. Vielleicht war mir klar, daß ich leicht denselben Fehler hätte begehen können. Hätte ich es besser gewußt? Er kam mir so sonderbar und esoterisch vor, dieser ritterliche Kodex, der noch über dem Ziel zu gewinnen stand und einen Mann im Namen der Ehre an sein Wort band.

Allmählich dämmerte mir, daß Andy sich durchaus zu Recht zum Lehrer berufen fühlte. Er verfügte über eine natürliche Autorität. Niemand würde es wagen, hinten in seiner Klasse Unfug zu treiben. Er würde einer dieser harten, aber gerechten Lehrer sein, zu denen man als Kind aufgeblickt hatte und denen man es hatte recht machen wollen, weil ihre Anerkennung einem mehr bedeutete als alles andere auf der Welt. Er würde den Kindern Respekt einflößen, weil er eine Vorstellung hatte von Anständigkeit, Loyalität und Fairneß und einen Sinn für Kameradschaft und die damit verbundene Verantwortung. Und er glaubte an all das inbrünstig genug, um bereit zu sein, es auch durchzusetzen, ja sogar dafür zu kämpfen. Diese Werte schienen aus dem Radsport zu stammen, als läge dort ihr Ursprung, und von da aus den Rest seines Lebens zu durchdringen. Ich hatte etwas dazugelernt.

– Willst du nicht mitkommen ins Kerfield, wenn Andy spielt? fragte ich.

– Wo ist das? antwortete Ruth ausweichend, während sie weiter die Zeitung las.

– In einer Seitenstraße vom Camberwell Grove, glaube ich.

– Und wann?

– Morgen abend. Das hab ich dir aber schon mal gesagt.

Ruth griff nach ihrer Tasche, nahm ihren Filofax heraus und klappte ihn auf. Sie schnitt säuberlich jeweils die Ecke der Woche ab, die vorüber war, so daß ihr Kalender immer genau dort auffiel, wo ihr Finger lag:

bei der laufenden Woche. So war sie – in manchen Dingen peinlich genau.

– Nein, da kann ich nicht. Da muß ich zu einer Pressevorführung.

– Von was für einem Film?

– Hab ich vergessen. Wahrscheinlich irgend so ein Hollywood-Schund.

– Warum läßt du ihn dann nicht ausfallen und kommst mit?

Ruth seufzte, während sie das Ringbuch schloß und den Druckknopf auf dem billigen Ledereinband zudrückte. Diese Geste besiegelte ihre Entscheidung. Ich spürte, wie sich mein Magen zusammenzog. Fast, wie wenn man vor einem Rennen nervös war.

– Schau mal, ich hab einfach keine Lust, zwei Stunden in einem lauten, verrauchten Pub zu sitzen und anderen bei viel zu lauter Musik in die Ohren zu schreien, okay?

– So laut wird es nicht sein. Er spielt Jazz. Es ist ein Jazzquartett.

– Du triffst dich da mit deinen Fahrradkumpeln, stimmt's? Warum muß ich da dabeisein?

– Weil ... ich weiß es nicht. Ich würde mich freuen. Und vielleicht würde es dir ja gefallen.

– Schau mal, mit meinen Freunden reden wir über Filme, Klamotten, Fernsehen, Musik, Prominente, Politik, Populärkultur, was auch immer. Mit deinen Freunden redest du übers Radfahren, stimmt's?

Das war im Prinzip richtig, kam mir aber dennoch ungerecht vor.

– Du meinst, sie sind dumm und langweilig?

– Ja, sagte sie. Okay, vielleicht nicht dumm und langweilig. Aber es sind *deine* Freunde. Es ist deine Welt. Und das ist in Ordnung, aber da muß ich nicht dazugehören ... *Du* kannst ja hingehen.

Selbst mit Andy als inoffiziellem Lehrer brauchte ich lange, bis ich lernte, Rennen zu fahren, und sei es auch nur bis zu dem Punkt, daß ich eines beenden konnte. Gerade die Tatsache, daß ich zu jener Zeit fitter war als je zuvor, schien meine weitere Entwicklung zu bremsen. Es führte dazu, daß ich meine Kräfte überschätzte. Hitzköpfig nahm ich gleich nach dem Start an jeder Kampfhandlung teil, als würde das Rennen in der ersten Runde entschieden. Ich versuchte, bei jedem Angriff dabeizusein, während andere ihre Beine schonten. Wenn es dann ernst wurde, wenn die wirkliche »Selektion« stattfand, hing ich hinten im Feld und versuchte, wieder zu Atem zu kommen. Taktisch war ich naiv. Ich bekam allmählich die Beine, um Rennen zu fahren, doch es fehlte mir noch am Köpfchen.

Dieses Muster entdeckte ich später bei jüngeren Vereinskameraden wieder. Sie starteten in der Kategorie 3 ohne einen Punkt auf der Lizenz, aber daran, wie sie fahren konnten, sah man, daß sie innerhalb einer Saison in Kat 1 aufsteigen konnten – vorausgesetzt, sie lernten, wie man ein Rennen fuhr. Erfahrenere Teilnehmer sahen dankbar zu, wie diese Grünschnäbel ihren Rivalen den Stachel nahmen. Sie blieben im Feld, während sich vorn ein paar Fahrer abmühten, um einen frühen Ausreißversuch einiger junger Schaumschläger zu parieren. Sobald das Hauptfeld aufschloß und den entmutigten Rest der Fluchtgruppe einsammelte, war der Moment gekommen, in dem sie ihren Angriff starteten. Das war die klassische Taktik des erfolgreichen Ausreißers: Greife an, wenn deine Gegner erschöpft sind und nicht aufpassen, greif in dem Moment an, in dem sie am schwächsten sind und am wenigsten bereit zu kontern. Kämpfe, wenn niemand anderes kämpfen will.

Immer wieder wurde ich durch diese Taktik überführt. Erst mit der Zeit lernte ich, daß man bei einem

Rennen zunächst unauffällig dahinfährt, beobachtet, wartet, sich sagt: *Laß dir Zeit, laß dir Zeit.* Es ist eine Frage der Geduld und der Beobachtung. Man schaut, wer ein starker Fahrer ist, und erkennt diejenigen wieder, die man bei früheren Rennen die Führung hat übernehmen sehen. Man vergißt nicht, zu essen und zu trinken, beobachtet die anderen und wartet. Und wenn sie loslegen, ist man dabei. Alles eine Frage des Timings.

Ich fand heraus, daß man noch nicht einmal der stärkste Fahrer in einem Rennen sein mußte, um sich zu plazieren. Man mußte nur wissen, wann man sich mit dem größten Effekt ins Zeug legen mußte.

Wochenlang erschien ich zu jedem Rennen, und die unbeschriebene Rennlizenz in der Rückentasche meines Trikots lastete auf meiner Seele wie die Schmach ungewollter Jungfräulichkeit. In Eastway hatte ich endlich Erfolg.

Eastway, ein eigens angelegter, windgepeitschter Rundkurs in den Hackney Marshes, war nach der zweispurigen Straße benannt, die die flachen, aufgeweichten Fußballfelder im Norden und das postindustrielle Ödland und die Viehhöfe von Stratford im Süden voneinander trennte. Die A102 (M), der Eastway selbst, schwang sich kurz einmal auf Stützpfeilern empor, um mit Mühe den trüben River Lea zu überqueren, doch jede Erinnerung an den ikonischen, utopisch dahinschwebenden Westway zerstob angesichts der Feststellung, daß dies hier nichts weiter war als ein anderthalb Kilometer langes Stück Straße, das Hackney mit Leytonstone verband.

Der Eastway Cycle Circuit bildete eine seltsame Oase in dieser öden Landschaft. Es gab dort ein Vereinshaus mit Umkleideräumen und einem Büro, die zugleich zu dem Campingplatz auf der anderen Seite gehörten. Wir schüttelten immer ungläubig den Kopf, wenn wir in den

Waschräumen wieder einmal Französisch oder Holländisch hörten: Welcher vernünftige Mensch würde zum Zelten hierherkommen, auf diesen trostlosen, einsamen Posten in den Hackney Marshes? Doch für die Londoner Radrennszene war es ein wichtiger Ort. Die Rennen waren immer gut besucht: Im Vereinshaus fand man Schutz vor schlechtem Wetter und erhielt Erfrischungen, was mehr Zuschauer ermunterte zu kommen, als gewöhnlich zu Radrennen erschienen. Weil der Kurs nur anderthalb Kilometer lang war, kamen die Fahrer fast alle zwei Minuten vorbei, und auch von anderen Punkten an der welligen Strecke aus konnte man das Feld zum Teil sehen.

Dennoch war mir stets bewußt, wie unattraktiv der Radsport im allgemeinen für Zuschauer ist. Bei der Fernsehübertragung von Rennen wird das Problem auf teure Weise gelöst: durch eine ganze Flotte von Motorrädern mit Kameraleuten im Sozius, die per Hubschrauberverbindung Bilder aus dem Zentrum des Geschehens übertragen. Doch bei einem Amateurstraßenrennen zuzusehen ist nicht gerade etwas, was den Puls in die Höhe treibt. Bevor die Berichterstattung über die Tour de France zu einem alljährlichen festen Programmbestandteil wurde, tauchte der Radsport im britischen Fernsehen verständlicherweise nur in sehr gelegentlichen Ausflügen in die Welt des Bahnrennens auf. Bis zu den Tour-Übertragungen von Channel 4 Ende der achtziger Jahre bekam man im britischen Fernsehen eher Windhund- oder Speedway- als Radrennen zu sehen.

Da ich noch keine Punkte auf meiner Lizenz hatte, startete ich immer noch in »3/J«-Rennen – so genannt, weil sie nur für Kat-3-Fahrer und Junioren offen waren. Als Junior galt einfach jeder, der zu Beginn der Saison noch keine Achtzehn war. Kat 3 bezog sich auf die Leistungsklasse: Es bedeutete, daß man als Senior in der untersten Kategorie von dreien startete. Jeder fing in Kat 3 an. In Kat 2 kam man, indem man Punkte sammelte – nach dem damals geltenden System brauchte man fünfzehn Punkte. Gewann man zu diesen fünfzehn in derselben Saison noch dreißig weitere hinzu, stieg man in Kat 1 auf. Kat 1 war der höchste Amateurstatus, der einen im allgemeinen dazu berechtigte, an den wichtigsten Profirennen teilzunehmen.

Um Punkte zu bekommen und in eine andere Kategorie zu wechseln, mußte man sich in einem offiziellen, nach den Regeln der British Cycling Federation ausgetragenen Rennen plazieren. Bei einem Zwanzig-Runden-Rennen in Eastway gab es nur einen ersten, zweiten und dritten Platz, für die in absteigender Folge drei Punkte, zwei Punkte und ein Punkt vergeben wurden. Bei einem Sechzig-Meilen-Rennen, etwa in der Surrey-League-Serie, gab es Plazierungen und Punkte für die ersten sechs, bei einem Achtzig-Meilen-Rennen dagegen üblicherweise zehn Plazierungen mit einer Prämie von fünfzehn Punkten für den Sieger, zwölf für den Zweiten und so weiter. Je länger die Strecke, desto mehr Plazierungen und Punkte konnte man erringen.

Nähere Angaben zu allen Straßenrennen fand man im Handbuch der BCF. Vorausgesetzt, man hatte der BCF mit der Gebühr für die Rennlizenz einen entsprechenden Scheck zugesandt, wurde einem dieses Handbuch, die Bibel des Radrennfahrers, jedes Jahr im Januar zugestellt, rechtzeitig für die Saisonauftaktrennen im Februar. Wenn man dann mit einem nervösen Gefühl im Bauch und schneller schlagendem Herzen – ein Vorgeschmack auf die erhöhte Adrenalinausschüttung vor dem Rennen – stundenlang all die Seiten mit den Rennausschreibungen für das ganze Land studiert hatte, wenn man die Rennen, für die man sich interessierte, angekreuzt und sich ein Bild gemacht hatte von dem jeweiligen Kurs, dann mußte man sich melden. Dazu mußte man auf einem dünnen A4-Formular seinen Namen, die BCF-Lizenznummer und seinen Verein, die Vereinsfarben und die Leistungsklasse angeben sowie um welches Rennen es sich handelte und die drei besten Plazierungen, die man zuletzt erreicht hatte, dann die Haftungsfreistellung unterschreiben und das Formular zusammen mit der entsprechenden Gebühr (zwischen fünf und zehn Pfund) dem Veranstalter des Rennens zusenden, dessen Adresse ebenfalls im Handbuch stand. Anschließend mußte man all die Rennen, zu denen man sich gemeldet hatte, in seinen Kalender eintragen. Mick war in solchen Dingen immer sehr viel besser organisiert als ich, und von ihm erhielt ich die einzige Hülle für diese Formulare, die ich jemals brauchte. Als wir uns kennenlernten, bekleidete er bei seiner Ortsgruppe der Labour Party das Amt des Sekretärs. Ich sollte später noch oft daran erinnert werden, warum. Er besaß ein organisatorisches Talent, das mir fehlte.

Ich selbst war nie wirklich hinausgekommen über einen pubertären Widerwillen gegen jedes Ausfüllen von Formularen und empfand es als einen bürokratischen Angriff auf meine persönliche Autonomie und mein Recht, meine Zeit so zu verschwenden, wie ich es für richtig hielt. Dieser Stillstand in meiner Entwicklung mochte damit zusammenhängen, daß mein Vater in solchen Dingen fast übertrieben methodisch vorging. Wer weiß, vielleicht hatte mein Aufbegehren gegen pedantische Genauigkeit, meine Erhebung der Desorganisation zur politischen Aussage, einen ödipalen Charakter? Wenn dem so war, dann verfehlte es völlig seinen Zweck: Ein Leben, das ständig durch letzte Zahlungsaufforderungen gestört wurde, hielt kaum Triumphe bereit. Dennoch wartete ich stets den roten Brief ab, bis ich eine

Rechnung bezahlte, weil es mir zu mühsam und zu anstrengend erschien, mein zerknautschtes Scheckbuch und einen funktionsfähigen Kugelschreiber zu finden, den Kontrollabschnitt und den Scheck auszufüllen, Ruth eine Briefmarke zu klauen – denn ich selbst hatte nie welche vorrätig – und das verdammte Ding in einen Briefkasten zu werfen. Die Formalitäten, die nach den Regeln der BCF für die Meldung zu einem Rennen nötig waren, liefen somit für einen Menschen wie mich auf eine echte Umerziehung hinaus. Völlig unerwartet lernte ich also von dieser Seite endlich, daß bei entsprechender Motivation das rechtzeitige und effiziente Ausfüllen eines Formulars einem tatsächlich das Gefühl geben konnte, etwas vollbracht und bewirkt zu haben.

Den ganzen Sommer hindurch fanden in Eastway Rennen statt, zwei Veranstaltungen pro Woche. Bei den Rennen der Kategorien 1 und 2 wurde zweiunddreißig Runden lang hart gekämpft, vorausgesetzt, es war lang genug hell. Meist wurden sie von einer kleinen Zahl von Fahrern dominiert, die auf Endspurte spezialisiert waren und mit Teams fuhren, die sich für sie abarbeiteten und das Rennen kontrollierten. Auf dem offenen Kurs mit den zwei langen Geraden war es für eine Ausreißergruppe extrem schwer, sich so weit vom Feld abzusetzen, daß ihre Verfolger sie aus den Augen verloren. Ein Rennen ist selbst auf kollektiver Ebene so sehr eine psychologische Angelegenheit, daß meistens gilt: aus den Augen, aus dem Sinn. Auf einer Rennstrecke, die aus gewundenen kleinen Landstraßen besteht, kann ein Fahrer in wenigen Sekunden außer Sicht sein, und die Hälfte des Feldes wird nicht einmal merken, daß sich jemand abgesetzt hat. Doch in Eastway konnte man leicht zu einem anderen Teil des Kurses hinüberblicken und etwaige Ausreißer entdecken, und für die Seniorenteams waren die Rennen dadurch leicht zu kontrollieren. Im allgemeinen erwartete man in Eastway nicht, Punkte zu sammeln. Man nahm teil, weil es ein guter Workout war.

Bei Kat-3- und Juniorenrennen war der Verlauf weniger vorhersehbar und der Ausgang offen. Weil es die unterste Kategorie war, wichen die Fähigkeiten der Fahrer stärker voneinander ab. Die Junioren waren zum Teil sehr geschickt, doch bei hohen Geschwindigkeiten waren sie manchmal von der Ausrüstung her im Nachteil. Die Regeln untersagten ihnen, ein Rad mit einer ebenso großen Übersetzung zu fahren wie die Senioren: Nach allgemeiner Ansicht konnte es ihren noch im Wachstum befindlichen Gliedern und Gelenken schaden, wenn sie versuchten, einen zu hohen Gang zu fahren. Das bedeutete, daß sie auf der langen abfallenden Geraden zum Teil nicht schnell genug treten konnten, um noch mehr Tempo herauszuholen.

Wichtiger war jedoch, daß es bei den 3/J-Rennen keine Teamkontrolle gab. Sie waren völlig anarchisch. Die Junioren standen zu Recht in dem Ruf, jeden Ausreißer wie besessen zu verfolgen, ohne selbst bereit zu sein, sich auf die längere Anstrengung einzulassen, die zu einem gelungenen Fluchtversuch nötig war. Dadurch bekam das Rennen einen nervösen, ungleichmäßigen Charakter, und es war äußerst ärgerlich für Fahrer wie mich, deren Chance auf ein gutes Ergebnis vor allem in einem Ausreißversuch in kleiner Besetzung lag. Zudem endeten die 3/J-Rennen, die über eine kürzere Entfernung ausgetragen wurden, häufig in Massenspurts – einem chaotischen, blinden Sturm auf die Ziellinie.

Doch Anfang Mai machte ich eines Abends endlich den richtigen Vorstoß. Es war ziemlich früh für einen Ausreißversuch: Wir waren erst acht Runden gefahren, hatten jedoch nur noch zwölf vor uns, was bedeutete, daß man den Vorsprung eine gute halbe Stunde lang halten mußte. Es gab auf dem Kurs einen kurzen Anstieg. Man brauchte dort nur ein paar Gänge höher zu schalten, doch er war steil genug, um häufiger als jede andere Stelle der Strecke als Startrampe für einen Angriff benutzt zu werden. Mein Vorstoß war genau geplant: Eine Zweiergruppe war uns ungefähr seit einer Runde zweihundert Meter voraus, und ich hatte vor, mich ihnen anzuschließen. Ich verwandte eine Runde darauf, mich in eine gute Ausgangsposition zu bringen, schob mich durch das Feld nach vorn, aber nicht so weit an die Spitze, daß man meine Absicht hätte erraten können.

Kurz vor dem Ende der Steigung legte ich los, sprintete ein paar Hundert Meter hart, bis ich mich wieder im Sattel zurücksetzte und schnell ein paar Gänge herunterschaltete. Innerhalb von Sekunden begann ich schwer zu atmen, und das Herz klopfte mir von der plötzlichen, extremen Anstrengung. Auf der abfallenden Geraden gestattete ich mir, mich kurz umzudrehen. Ich wurde durch den schönen Anblick einer leeren Straße mit nur einem Verfolger belohnt. Perfekt, ich hatte einen ordentlichen Vorsprung.

Ich senkte den Kopf und duckte mich so weit ich konnte in den Wind, während ich wieder stärker in die Pedale trat. Selbst in meinem größten Gang versuchte ich, mich auf die Bewegung meiner Beine zu konzentrieren, möglichst rund zu pedalieren – als könnte ich dadurch meinem Körper weismachen, daß es nicht weh tun mußte.

Der Abstand zu den beiden Fahrern vor mir wurde schnell kleiner. Das hob zwar meine Moral, doch es bedeutete auch, daß sie nicht schnell genug fuhren. Als es schließlich wieder bergauf ging, an demselben Punkt, an dem ich in der vorhergehenden Runde weggefahren war, holte ich sie ein. Ich atmete schwer und hatte zähen Speichel im Mund, aber ich fühlte mich gut. Ich zog geradewegs an ihnen vorbei und brüllte ihnen heiser zu: *Los, vorwärts*, in der Hoffnung, daß sie das Tempo aufnehmen würden. Ich bemerkte, daß sie wie Junioren aussahen, und mein Mut sank ein wenig. Es bedeutete, daß ich nicht unbedingt auf ihre konsistente Mitarbeit würde zählen können.

Ich zog sie die Gerade hinunter, um ihnen Gelegenheit zu geben, sich zu erholen, und scherte dann zur Seite aus. Gut, sie zogen durch. Wenigstens wußten sie, was zu tun war. Als ich mich hinter ihnen einreihte, warf ich einen Blick nach hinten. Der einzelne Fahrer kam näher, doch wir hatten immer noch einen guten Vorsprung vorm Feld. Es hatte keine wirkliche Reaktion gegeben. Das Ganze war wie im Bilderbuch, beinahe zu einfach. Ich fühlte mich großartig, als wäre ich durch irgendeine seltsame, heimliche Metamorphose endlich zu einem richtigen Rennfahrer geworden.

Bald stieß der andere zu uns. Er war schon älter, wie ich – ein Kat-3-Fahrer. Er ließ sich eine halbe Runde lang ziehen, während wir uns weiterhin abwechselten. Wenn man eine Fluchtgruppe eingeholt hat, ist es üblich, daß man sich kurz ausruhen darf, bevor man anfängt, seinen Teil der Arbeit zu leisten. Dann fuhr er nach vorn, und wir arbeiteten alle vier abwechselnd. Vier ist eine perfekte Zahl für eine Windstaffel. Mit mehr Fahrern läuft das Ganze oft nicht mehr so rund, und je größer die Gruppe ist, desto wahrscheinlicher ist es, daß ihre taktische Kooperation zusammenbricht. Doch wenn es weniger sind, zwei oder drei, hat man nie richtig das Gefühl, sich zwischen den Schichten erholen zu können.

Eine Runde nach der anderen ging langsam vorbei, und unser Abstand zum Feld schien bei zwei Minuten konstant zu bleiben. Obwohl ich ihnen ständig ermutigende Worte zurief, machten die Junioren allmählich schlapp. Immer wenn sie an der Reihe waren, ließ das Tempo nach, und einer von uns beiden Senioren mußte voll Ungeduld nach vorn fahren. Als nur noch zwei Runden zu fahren waren, hielt ich das Waffenstillstandsabkommen, auf dem unsere gemeinsame Anstrengung gründete, nicht mehr aus. Ich fühlte mich immer noch gut, ja sogar äußerst stark, auf eine Weise, wie ich es noch nie erlebt hatte: als treibe ein kräftiger Wind mich vor sich her und mache alles ganz leicht. Anstatt vor Schmerz und von dem Wunsch, daß es endlich vorbei sein möge, benommen zu sein, hatte ich einen klaren Kopf. Ich hatte Zeit nachzudenken: Wir hatten immer noch einen guten Vorsprung, und ich wußte, ich konnte schlimmstenfalls Vierter werden, doch ich begann zu begreifen, zu glauben, daß ich das hier *gewinnen* konnte.

Der vierte Platz würde mir keine Punkte einbringen. Nach dieser ganzen Anstrengung, dachte ich, muß hierbei etwas herauskommen. Als ich an der Reihe war, vorn zu fahren, sprintete ich nicht, sondern brachte einfach meine ganze Kraft auf die Pedale. Ich fuhr eine lange, harte Schicht. Die beiden Junioren waren bereits so außer Atem, daß es reichte, um sie abzuhängen.

Ich blickte mich um und sah meinen Kat-3-Kollegen an meinem Hinterrad. Er sah mich an und sagte nur: *Fahr! Fahr zu!* Ich gehorchte und raste die Gegengerade entlang, bis ich fand, daß er an der Reihe war. Ich war immer noch ziemlich grün, aber ich wußte, daß man nicht gern vorn ist, wenn der Endspurt beginnt. Die klassische Taktik besteht darin, daß man seinen (oder seine) Gegner durch ein geschicktes Manöver zwingt, den Sprint anzuziehen. Man hängt sich dran, fährt sicher im Windschatten, und wenn der andere nachläßt, zieht man vorbei, um ihm mit einem letzten Spurt den Gnadenstoß zu geben.

So sieht die Theorie aus. Statt dessen gestattete ich mir, kurz vor der letzten Biegung wieder in Führung zu gehen. Die enge, ansteigende Kurve zwingt einen, nach den ersten zweihundert Metern einer leichten Steigung fast aus dem Stand zum Endspurt anzusetzen. Ich fand mich damit ab, den Sprint anziehen zu müssen, senkte den Kopf und hievte das Rad mit aller Kraft vorwärts. Doch aus meinen Beinen war nichts mehr herauszuholen, und nach der Hälfte der Geraden scherte mein Rivale scharf nach links aus und setzte zu seinem verzweifelten Spurt zur Ziellinie an. In dem Moment war ich bereits geschlagen. Ich merkte auf einmal, wie erschöpft ich war. Ich beschloß, mit dem zweiten Platz zufrieden zu sein, und hörte auf zu sprinten. Fünfzig Meter vor dem Ziel richtete ich mich auf, um den Moment zu genießen.

Als ich mich der Linie näherte, schienen die Leute mir etwas zuzuschreien, doch ich konnte sie nicht hören. Ich befand mich in einem Taumel des Stolzes: Ich war wie ein echter Radrennsportler gefahren. Ich hatte angegriffen, einmal und dann noch ein zweites Mal. Ich hatte die Aktionen gestartet. Es war *mein* Rennen, mehr als das jedes anderen, mehr sogar als das meines siegreichen Rivalen. Ob ich Erster oder Zweiter war, schien völlig unwichtig zu sein.

Genau in dem Moment kam einer der Fahrer, die wir eine Runde zuvor stehengelassen und schon abgeschrieben hatten, an mir vorbeigeschwankt. Darum hatten die Leute geschrien: Sie hatten gesehen, daß ich so langsam wurde, daß die Überreste unserer früheren Ausreißergruppe schnell aufholten. Einer von ihnen hatte mich erwischt und war als Zweiter ins Ziel gegangen. Ich wurde auf den dritten Platz abgeschlagen.

– Du Knallkopf, brüllte Andy mich an, ohne jedoch ein breites Grinsen unterdrücken zu können. Hast du uns nicht schreien hören? Wir haben doch gerufen: Paß auf, hinter dir, fahr zu. Du hättest Zweiter werden sollen.

Ich zuckte mit aller Unbekümmertheit, die ich aufbringen konnte, die Achseln.

– Ja, ich weiß, aber ich bin nun mal kein Sprinter. Und immerhin habe ich einen Punkt bekommen.

– So darfst du nicht denken, fuhr Andy fort. Du hättest *gewinnen* sollen. Du warst der stärkste Fahrer.

– Schade. Aber gut gemacht ... Sah aus wie ein guter Ritt, sagte Mick ruhig, mitfühlend und zugleich amüsiert.

Ich mußte mir eingestehen, daß es beschämend nachlässig von mir gewesen war. Ein elementarer Fehler. Und das vor all den Leuten. Ich war ein ausgezeichnetes Rennen gefahren, nur um mich auf den letzten hundert Metern absolut lächerlich zu machen. Ja, schlimmer noch: Ich hatte einen Makel an meinem Kampfgeist entdeckt. Jetzt, da ich nicht mehr auf dem Rad saß, war das flüchtige Triumphgefühl schon beinahe vergessen. Als ich die letzte Runde im Geist noch einmal durchspielte, wurde mir klar, daß ich mir nicht nur erlaubt hatte, den Sprint anzuziehen, sondern auch fast nicht mehr gekämpft hatte. Daß ich den zweiten Platz verloren hatte, war belustigend fahrlässig von mir gewesen, doch den ersten Platz einem anderen zu schenken war pervers. Ich hatte meine Flucht genossen, aber ich fragte mich, ob ich insgeheim irgendwie nicht hatte siegen wollen. Kein Sprinter zu sein kam mir wie eine Ausrede dafür vor, mich gegen das zu entscheiden, worum es bei einem Rennen letztendlich ging. Sicher, ich hatte meinen einen Punkt und keine unbeschriebene Lizenz mehr. Endlich war ich als Rennfahrer volljährig geworden, doch wofür machte ich das alles, wenn nicht, um zu gewinnen?

– Willst du wissen, was ich heute gemacht habe? fragte mich Ruth, vom Feuilletonteil der Sonntagszeitung aufsehend.

– Ja … Klar, erwiderte ich so lebhaft, wie meine müden Beine und meine Schlappheit es zuließen.

Sie zögerte einen Moment, damit ich wußte, daß ich gut daran tat, nicht bloß Neugier zu heucheln.

– Also, ich bin um neun Uhr aufgestanden, hab ein Bad genommen, und um halb elf war ich bei einer Pressevorführung …

– Von welchem Film? fragte ich, die Gelegenheit ergreifend, Interesse zu zeigen.

– So ein Action-Abenteuerfilm mit Ray Liotta. Völliger Schrott. *Wirklich* bescheuert. Nicht mal guter Schrott, einfach nur Schrott.

– Aber immerhin … *Ray Liotta*, oder?

Der Schauspieler Ray Liotta, der durch schlechte Haut, stechende blaue Augen und ein gefährliches Charisma auffiel, war der Mann, der in unserer Beziehung am ehesten so etwas wie mein Rivale war. Als attraktiver Psychotiker in *Something Wild* und angehender Klugscheißer in *GoodFellas* war Liotta zu Ruths größtem Leinwandidol avanciert. Sie hat ihn sogar einmal interviewt. Im Hotelzimmer herumlümmelnd, drehte er den Spieß um und fing an, ihr Fragen zu stellen. *Hat Ihnen schon mal jemand gesagt, daß Sie wie Fay Dunaway aussehen?* Hörbar zum errötenden Teenager geworden, konnte Ruth gerade noch leise abwehren, dann fehlten ihr, der sonst so Beredten, die Worte. Er kostete den Moment aus und fuhr lakonisch, mit schleppender Stimme fort: *Sie haben nämlich … genau dieselben Haare – und überhaupt*. Er kicherte vieldeutig.

Ich wußte das alles, weil Ruth die Kassette mit dem Interview behalten hatte.

– Er macht nur noch schlechte Filme. Dumme Manager, dummer Kerl. Mit dem bin ich fertig.

– Weiß er, daß du ihn fallengelassen hast? fragte ich mit gespielter Besorgnis.

– Sehr komisch. Na, jedenfalls war ich mit Nicki im Häagen-Dazs-Café, auf einen Cappuccino und ein Schokoladencroissant. Und dann hab ich Louise besucht.

– Und wie geht es *ihr*?

– Ach, ganz gut. Ziemlich niedergeschlagen.

– Aha. Und dann bist du heimgegangen?

– Ja, hab einen Artikel fertiggeschrieben. Kekse gegessen. Zeitung gelesen.

– Irgendwas Interessantes?

– Ja: ein Artikel über Versace und Männlichkeit von Elizabeth Wilson. Eine Art Dekodierung. Ziemlich schlau – ich weiß nicht, warum sonst niemand so über Mode schreibt. Darüber, was Mode bedeutet, Kleider als kulturelle Symbole – statt dieses übliche unbedarfte Zeug.

– Muß ich mal lesen ...

– Und, hast du gewonnen?

– Nein.

Ob ich das Rennen beendet hätte, wäre eine berechtigtere Frage gewesen, aber diese Version war zum Ritual geworden. Ich war nie sicher, wie ironisch das gemeint war. Ruth konnte gar nicht wissen, wie schwer es war, ein Rennen zu gewinnen, der Erste von sechzig Fahrern zu werden. Andererseits wußte sie, daß ich nie gewann. Sie mußte also zumindest ahnen, wie gering die Chancen waren.

– Ich habe es beendet ... als Dritter. Eigentlich hätte ich Zweiter werden sollen, aber immerhin hab ich meinen ersten Punkt bekommen.

– Das ist gut, sagte sie.

Es war eine Art bewußte Ignoranz, der wir beide stillschweigend Vorschub leisteten: Sie interessierte sich im Grunde nicht für meine Radrennen, und ich wollte auch gar nicht, daß sie das tat. Wenn die Frage: *Hast du gewonnen?* einen gewissen Spott enthielt, so zielte er in beide Richtungen. Mit dieser gewollten Begriffsstutzigkeit deutete Ruth an, daß sie das ganze Unternehmen absurd fand; zugleich gestand sie damit jedoch ein, daß es sich um einen exklusiven, männlichen Ritus handelte, also um etwas, das zu verstehen ihr nicht gegeben war. Der Radsport war meine Domäne, ein autonomes Gebiet, ein Ort, an den ich mich flüchten konnte.

Heute fällt mir auf, wie glücklich wir waren: wie gut es war, sein Leben miteinander teilen und doch jeden Sonntag seiner Wege gehen zu können. Einander zu vertrauen, ohne allzu neugierig zu sein, wie der andere seine Zeit verbracht hatte.

4. Etappe

Morgen rast das Fahrrad
Durch die Vororte, an Sommerabenden. Aber
heute der Kampf.
W. H. Auden

Wir trafen uns im King's College Hospital am Fuße des Denmark Hill, das wir jeder für sich von der Arbeit mit dem Rad erreicht hatten. Ich kam aus Pimlico, aus dem kleinen Londoner Büro des *New Yorker*, und Ruth von weiter her, von Canary Wharf, wo sie als Redakteurin beim *Independent* tätig war. Unser Ziel war uns zu der Zeit bereits vertraut: die Abteilung für künstliche Befruchtung. Durch eine Gedankenlosigkeit der Verwaltung befand sich die Abteilung ironischerweise im selben Gebäudeteil wie die Entbindungsstation, nur wenige Stockwerke darunter. In den großen Fahrstühlen, die zu den Etagen des plumpen Sechziger-Jahre-Zweckbaus hinauffuhren, standen blasse, angespannt wirkende Frauen, die wünschten, sie könnten Kinder bekommen, neben schnaufenden Frauen mit dicken Bäuchen, die sich halb zu wünschen schienen, sie stünden nicht gerade kurz davor.

In der Abteilung für künstliche Befruchtung gab es kein Wartezimmer, nur einen breiten Gang mit einer Reihe von Stühlen an der einen Wand. Obwohl auch dies zweifellos dem Gebot einer blinden bürokratischen Zweckmäßigkeit entsprach, war es doch insgeheim ein Segen. Denn es bedeutete, daß die Besucher der Abteilung für künstliche Befruchtung einander nur im Profil sahen. Niemand außer dem Personal mußte die Mischung aus Hoffnung und Kummer in den Gesichtern der Menschen ertragen, die hierherkamen. Und wie in jedem Krankenhaus schien das Personal auch hier gegen diese ansteckende Stimmung immun zu sein, als wäre es durch die bloße Routine gegen den Bazillus der Angst und der Enttäuschung geimpft. An der Wand hing zwischen den Plakaten und Broschüren des Gesundheitsamts auch ein Anschlagbrett mit Fotos – eingesandt von glücklichen Gewinnern, den dankbaren Eltern – von Babys, die vor Freude darüber strahlten, daß ihr Leben in einer Petrischale des King's College Hospital begonnen hatte. Daneben hing ein zusammengehefteter Stapel von Tabellen und Diagrammen. Diese enthielten, wie man sah, sobald man die Statistiken entziffert hatte, die Zahlen der Klinik zu den abnehmenden Erfolgsaussichten der Invitrofertilisation nach Altersgruppe und Anzahl der Versuche. Erster Versuch, für unsere Altersgruppe: eine Erfolgsrate von fünfzehn Prozent. Das war die Ausgangsquote. Danach würden die Chancen nur schlechter werden.

– Der läßt sich aber ganz schön Zeit, zischte ich Ruth leise zu.

– Pst! gab sie zurück und wies mit dem Kopf auf die Partnerin des Mannes, die nur wenige Stühle von uns entfernt saß.

Vor dem »Männerraum« stand eine Schlange. Wir waren zur Beratung da, doch auch ich sollte eine Samenprobe zur Untersuchung abliefern. Da es für unsere Unfruchtbarkeit keine Erklärung gab, konnte es durchaus sein, daß ich schuld war, wegen geringer Konzentration, mangelhafter Motilität ... wer weiß? Wie sehr man sich auch vom Gegenteil zu überzeugen versucht, es ist schwer für einen Mann, die Idee der Fruchtbarkeit ganz von derjenigen der Potenz zu trennen. Man weiß, man sollte es besser wissen, doch es trifft genau ins Herz der eigenen Vorstellung davon, wie es ist, ein Mann zu sein. Man möchte nicht für unzulänglich befunden werden. Ich ließ mir meine Nervosität bezüglich des Testergebnisses nicht anmerken. Bis ich für unschuldig erklärt wurde, ging ich von einer gewissen Mitschuld aus. Ich wollte es einfach hinter mir haben.

In diesem Krankenhaus *gab* es zumindest einen Extraraum für die Männer. Das galt als progressiv, ja als Luxus, denn es bedeutete, daß irgend jemand irgendwo im Gesundheitsdienst tatsächlich mitgefühlt und darüber nachgedacht hatte, wie und wo genau die Männer ihre Samenproben »produzieren« sollten. Doch diese Einrichtung beschränkte sich auf einen kleinen Raum, und man mußte warten, bis man an der Reihe war und von einer Krankenschwester einen Schlüssel dazu überreicht bekam. Es schien in jeder Hinsicht eine mühselige Prozedur zu sein. Nach einigen weiteren Minuten des Wartens gewann meine Ungeduld die Oberhand.

– Gut. Ich werde hier nicht länger rumsitzen.

– Wohin willst du? fragte Ruth ein wenig besorgt.

– Ich werde das Klo benutzen, sagte ich und stolzierte über den Gang davon.

So deprimierend das Anstehen vor dem »Männerraum« war, die saubere, desinfizierte Schäbigkeit der Herrentoilette war kaum eine Verbesserung. Aber jetzt konnte ich nicht mehr mit leerer Testflasche zurückkommen.

Kilometer. Kilometer machen. Kilometer sammeln. Das war die Lingua franca der Radsportler. Mehr noch als die Plazierungen und Punkte waren es zu Beginn der Saison die im Training gefahrenen Kilometer, woran man von seinen Mitstreitern gemessen wurde. Für eine hohe Kilometerzahl erntete man Respekt, denn allen war klar, daß die Ergebnisse weniger zählten als die

Bereitschaft zu purer, hartnäckiger Anstrengung. Bis zu einem gewissen Punkt war die Leistungsklasse von Bedeutung, aber wenn man einmal Kat 1 erreicht hatte, galt es als ausgemacht, daß man mit einem Mindestmaß an Begeisterung dabei war. Danach erwarb man sich nur noch dadurch Achtung, wie man fuhr und wie man sich bei Rennen anstellte – inwieweit man bereit war, zu »arbeiten«.

Wenn man genug Kilometer gemacht hatte, dann wurde angenommen, daß man in der Saisonpause bei jedem Wetter hart trainiert hatte, wahrscheinlich an beiden Wochenendtagen und mindestens noch an einem Abend in der Woche. Wenn ich aus irgendeinem Grund nicht an der Mittwochabendtour teilnehmen konnte, stand ich manchmal an einem dunklen Februarmorgen um halb sechs auf, um vor der Arbeit noch zwei Stunden radfahren zu können. Um Kilometer zu sammeln.

Meine Einstellung wandelte sich mit der Zeit ein wenig. In den ersten Jahren, in denen ich im Winter trainierte – bevor ich Rennen fuhr –, nahm ich strenggläubig jeden Sonntagvormittag an den Vereinsfahrten teil. Einige von uns verabredeten sich bereits in Crystal Palace, trafen sich jedoch noch einmal mit anderen Fahrern in Bromley, unter denen ein Mann namens Tony war. Tony war korpulenter als die meisten anderen und wirkte auf seinem Rad ziemlich unbeholfen. Selbst wenn er auf ebener Strecke gleichmäßig dahinfuhr, wackelte sein Körper unrhythmisch darauf hin und her. Wenn er bei einem Anstieg aus dem Sattel ging, schlingerte sein Rad in einer Weise, daß er aussah wie ein riesiges Insekt, das sich mit seiner Beute abmüht. Tony war einer der unschönsten Fahrer, die man jemals bei einem Rennen sehen wird, doch dieser Mangel an Stil schien seiner Leistungskraft keinen Abbruch zu tun. Als ich in den Verein eintrat, war er dessen einziger Kat-1-Fahrer. Er war ein gefürchteter Sprinter, hatte reichlich Rennerfahrung und war von einem wilden Kampfgeist erfüllt. Er war sogar einmal Landesmeister im Steherrennen.

In der Frühzeit des Radsports gab es ein großes Rennen mit einem Motorrad als Schrittmacher von Bordeaux nach Paris. Dabei fuhren die Teilnehmer über mehrere Hundert Kilometer im Windschatten eines großen Motorrads und ließen sich von ihm in einem mörderischen Tempo ziehen, bis das Motorrad kurz vor dem Ziel ausscherte und die wenigen Fahrer, die noch übrig waren, auf den letzten Kilometern um die Entscheidung kämpfen ließ. Es schauderte mich fast, als ich davon las: Es klang wirklich höllisch. Heute gibt es solche Rennen mit Motorrädern als Schrittmachern nur noch auf der Bahn: Dabei treten zwei Fahrer gegeneinander an, indem sie auf einander gegenüberliegenden Seiten starten und eine feste Anzahl von Runden zurücklegen. Beide halten sich dicht hinter einem tiefliegenden Motorrad mit extra langem Lenker, auf dem der Fahrer sehr aufrecht sitzt, damit ein Windloch für seinen Partner entsteht. Es gibt spezielle Fahrräder für solche Rennen, die kleinere Vorderräder und nach hinten gebogene Gabeln haben, damit der Rennfahrer bis an die Metallrolle heranfahren kann, die als Puffer zwischen Motorrad und Fahrrad dienten. Die Motorräder tuckern mit gedämpftem Gedröhn um die Bahn wie spazierenfahrende Harleys und drehen langsam bis zu dem richtigen Tempo für die Radfahrer auf. Wenn das Rennen in vollem Gang ist, sind die Geschwindigkeiten so extrem, daß die Radfahrer eine sonst unerreichbar hohe Übersetzung fahren. Dennoch müssen sie, um ein Tempo von mehr als sechzig Stundenkilometern beizubehalten, mit einer sehr hohen Trittfrequenz strampeln. Landesmeister in einer so hoch spezialisierten Disziplin war etwas ganz anderes, als etwa Landesmeister im Straßenrennen zu sein. So dicht hinter einem schweren Motorrad zu fahren, mit dem Vorderrad an der Rolle, war nichts für Leute mit schwachen Nerven, und nur wenige besaßen den Mut dafür.

Tony verfügte nicht nur über eine ungewöhnliche Verbindung von Schnellkraft und Ausdauer, sondern fuhr auch mit der völligen Furchtlosigkeit, die aus einem absoluten Vertrauen in das eigene Können entspringt, die man jedoch von außen leicht für eine fast psychotische Verwegenheit halten kann. Bei einer Trainingsfahrt an einem grauen Wintertag lag ich einmal fünfzig oder sechzig Meter hinter ihm und trat wie verrückt in die Pedale, um auf der abschüssigen Landstraße mitzuhalten, die braun war von der Erde der Traktoren und nach den schweren Regenfällen der letzten Nacht einer Rutschbahn glich. Wir befanden uns gerade auf dem schnellsten Teil dieser kurvigen Abfahrt, als direkt vor Tony ein Lastwagen aus einer Seitenstraße bog. Ein schlechter Fahrer wäre hinten in den Wagen hineingerast, und selbst bei einem guten Fahrer hätten bei dem Versuch, das zu vermeiden, die Räder blockiert, und er wäre gestürzt. Nur Zentimeter von einem üblen Zusammenstoß entfernt, riß Tony sein Rad einfach blitzschnell über die weiße Linie und überholte den Wagen. Ich zitterte immer noch, als ich Tony am Fuß des Hügels einholte. Er dagegen wirkte nicht im geringsten nervös und sprach den Vorfall mit keinem Wort an. Allerdings redete Tony selbst in seinen besten Momenten ohnehin nicht viel, außer wenn es um Fahrräder ging.

Aufgrund seines Status leitete er die Vereinsfahrten. Jeden Sonntag machte er mit uns eine Hundert-Kilometer-Tour durch Kent, über sämtliche Hügel, die ihm einfielen. Wenn wir dann wieder auf der flachen Landstraße nach Bromley waren, steigerte er gern noch einmal das Tempo und beendete die Fahrt mit einem Sprint zu einer bestimmten Straßenlampe kurz vor der Abzweigung zu seinem Haus. Wir übrigen, die alle in der Stadt wohnten, hatten dann noch fünfzehn Kilometer vor uns einschließlich des Anstiegs nach Crystal Palace, bevor wir unsere müden, vor Milchsäure schmerzenden Beine hochlegen und ein heißes Bad nehmen konnten. Es wurde für mich ganz normal, bei diesen Fahrten auf hundertdreißig Kilometer zu kommen, wonach ich für den Rest des Tages in einen halb komatösen Zustand verfiel. Im Winter war es manchmal schon fast dunkel, wenn ich nach Hause kam, und als ich aufgebrochen war, war es fast noch nicht hell gewesen. Tonys Vereinsfahrten waren ein Schnellkurs in Radsportler-Masochismus.

Später, als Mick und ich beide schon mehr Erfahrung hatten und das Training in einem zunehmend mit anderen Dingen ausgefülltem Alltag unterbringen mußten, stellten wir fest, daß in Sachen Kilometer die Qualität mindestens ebensoviel zählte wie die Quantität. Eine zweistündige Tour, bei der wir eine Stunde lang fast am Anschlag fuhren, mit einem Schnitt von mindestens dreißig Stundenkilometern, war effektiver als vier Stunden gleichmäßiges Pedalieren mit einem Schnitt von einundzwanzig oder zweiundzwanzig. Mit der Einführung von Pulsuhren und eines sportwissenschaftlich fundierten Trainings wurde die alte Weisheit, daß es *die* Methode schlechthin sei, stundenlang auf dem Rad zu sitzen und monoton seine Kilometer abzuspulen, zu etwas, was als anachronistisch galt. Mick und ich tauschten jetzt kluge Bemerkungen über die Gefahren des »Übertrainings« aus. Das kam tatsächlich vor: Es gab in unserem Bekanntenkreis Fahrer, die krank wurden oder sich verletzten, weil sie sich zu sehr angepeitscht hatten, weil sie bei Kälte und Nässe trainiert hatten, ohne genung in der Flasche und auf der Haut zu haben. Die Symptome reichten von schlichter Erschöpfung und einem paradoxen Leistungsabfall bis zu Sehnen- und Nierenentzündungen. Doch es gab immer Leute, denen die alten Methoden lieber waren. Einer der stärksten Fahrer in unserer Klasse brach alle Regeln, indem er nach jeder Saison zwei oder drei Monate lang nicht mehr aufs Rad stieg. So nahm er von Ende September bis zum Januar jedesmal mehrere Pfund zu. Dann jedoch setzte er sich wieder aufs Rad und trainierte jeden Tag, legte Tausende von Kilometern zurück, schlauchte sich bei jedem Wetter, bis er dann Ende Februar wieder in Rennform war. In seinem Fall funktionierte das. Mit Wissenschaft hatte das nichts zu tun. Es war pure Schufterei. In Wirklichkeit erlagen wir alle weiterhin der atavistischen Faszination, die von dem stundenlangen Im-Sattel-Sitzen ausging. Bei allem, was man in den Handbüchern über moderne Trainingsmethoden las, wußte doch jeder von uns, daß man nur dadurch besser wurde, daß man Kilometer sammelte.

Man kam einfach nicht drumherum: Um schneller zu werden, mußte man sich auf sein Rad setzen und fahren. Und wenn einen im Winter Dunkelheit und schlechtes Wetter davon abhielten, die Kilometer draußen auf der Straße zu fahren, dann gab es immer noch den Turbotrainer. Jeder hat seine Grenzen, aber im allgemeinen sind die mentalen sehr viel schneller erreicht als die physischen. Trainieren konnte einsam und langweilig, ja geradezu nervtötend sein. Sosehr mir an meiner Form gelegen war, konnte ich mich zum Beispiel nur selten dazu durchringen, den Turbotrainer zu benutzen. Mick dagegen trainierte eifrig darauf. Manchmal war es nur die Angst, hinter ihm zurückzubleiben – da war er wieder, jener Wetteifer, der die Basis unserer Radfahrerfreundschaft bildete –, die mich dazu bewog. Ein Turbotrainer ist ein Gerät, auf das man sein Rad stellt, meist indem man das Vorderrad entfernt und die Gabel in einen Schlitz steckt, in dem man sie festziehen kann, während das Hinterrad auf einer Rolle aufliegt. Man sitzt im Sattel und tritt, ohne irgendwohin zu fahren, wobei das Gerät mit Hilfe eines Windrads (daher *turbo*) Widerstand erzeugt. Es verwandelt also praktisch ein gewöhnliches Straßenrad in einen Heimtrainer.

Die meisten Gestelle lassen sich zusammenlegen, so daß man sie »im Schrank verstecken« kann, wie es in der Werbung heißt. Man kann den Turbotrainer überall benutzen, wo man will, vorausgesetzt, die Person, mit der man zusammenlebt, kann sein eintöniges Summen ertragen. Je kühler der Ort, desto besser, denn nach wenigen Minuten gleichmäßigen Pedalierens fängt man an zu schwitzen. Auf einem stationären Gerät, in einem Innenraum, fehlt der entscheidende Luftzug, der einem natürliche Kühlung verschafft, wenn man sich auf dem Fahrrad fortbewegt. Erst kitzeln einen die Schweißperlen an den Schläfen, dann schließen die Tropfen sich zu Rinnsalen zusammen, die einem über die Stirn laufen und sich an den winzigen Dämmen der Augenbrauen stauen. Schließlich bricht die Flut durch, und die salzige Flüssigkeit rinnt einem in die Augen, bevor sie von Nase und Kinn herabtropft. Selbst nach einer kurzen, halbstündigen Trainingseinheit produziert der Körper in dem verzweifelten Versuch, sich abzukühlen, noch eine Stunde später heftig Schweiß. Wenn man das Glück hat, eine Garage zu besitzen, dann ist das der Ort, an dem man seinen Turbotrainer aufstellt. Auf die Möglichkeiten einer Londoner Maisonettewohnung beschränkt, breitete ich, um den Schweiß aufzufangen, auf dem Boden des Wohnzimmers ein altes Handtuch aus. Später kaufte ich mir einen kleinen Ventilator. Der kühlende Luftzug, den er erzeugte, half zwar ein wenig, doch am Ende eines Workouts brannte mir trotzdem jedesmal die Haut vom Salz meines verdunsteten Schweißes.

Turbotraining war eine äußerst reizlose Form von virtuellem Radfahren. Es hatte etwas Absurdes. Da saß man und strampelte fast eine Stunde lang, produzierte vielleicht Hunderte von Watt – Energie, die in Form von Luftwiderstand, Geräuschen und Körperwärme verschwendet wurde. Ja womöglich verbrauchte man sogar noch Strom, indem man zwecks Kühlung einen Ventilator betrieb und über Kopfhörer Musik hörte, um einem Gehirnschwund aus Langeweile vorzubeugen. Wenn man hinterher die Schweißlache vom Boden aufwischte, kam einem unwillkürlich der Gedanke, daß das Ganze ein wenig mehr Sinn hätte, wenn das Gerät wenigstens an einen kleinen Generator angeschlossen wäre.

Ich hatte den Turbotrainer Andy abgekauft, gebraucht, für fünfundzwanzig Pfund. Die längste Zeit seines Lebens lehnte der Turbotrainer in einem Flur an der Wand, halb bedeckt von den dort hängenden Mänteln und Jacken. Ich holte ihn nur in der äußersten Verzweiflung hervor, denn das Turbotraining war mir bald verhaßt. Es war die reine, unvermischte Langeweile. Sisyphus hatte zumindest die Befriedigung, den Felsblock bis oben auf den Hügel hinaufzuwälzen, wenn er auch immer wieder hinabrollte. Auf dem Turbotrainer kommt man nirgendwohin, man erreicht überhaupt nichts. Alles, was man tut, ist, unsichtbare Kalorien zu verbrennen und den eigenen Puls hochzujagen. Anders als bei einem normalen Fahrrad, das einen eigenen Schwung hat, gab es hier keinen Schwungradeffekt, nur blanken Widerstand. Sobald man aufhörte zu treten, blieb das Ding stehen. Auf dem Turbotrainer mußte man sich ständig anstrengen auf einer Stufe, die zwar knapp unter der Schmerzgrenze blieb, aber unerträglich genug war, um einen zur Raserei zu treiben. Es reichte, daß man seine Gedanken nicht auf so angenehme Weise schweifen lassen konnte, wie wenn man in einem

Becken Bahnen schwimmt oder um einen Park joggt. Mick benutzte den Turbotrainer wie viele andere Fahrer in Verbindung mit einem Pulsmesser, um ihn möglichst effizient einzusetzen. Ich versuchte es auch damit: Die kleinen, blinkenden Ziffern auf dem armbanduhrartigen Gerät gaben einem zumindest noch etwas anderes als das eigene Unbehagen, worauf man sich konzentrieren konnte. Mit dem Pulsmesser konnte man sich künstliche Ziele setzen, in »Intervallen« trainieren – Zyklen aus kurzen Phasen intensiver Anstrengung (normalerweise bei etwa neunzig Prozent der maximalen Herzfrequenz) und Erholungsphasen. Doch die Langeweile war bei weitem tödlicher als die Anstrengung, die nötig war, um eine Minute lang eine Herzfrequenz von hundertfünfundsiebzig zu halten. Um die Eintönigkeit des Turbotrainings zu umgehen, kniff ich die Augen zusammen und versuchte, mir einen meiner Lieblingshügel zu vergegenwärtigen, eine lange, stetige Steigung. Ich stellte mir vor, wie ich ihn in aggressivem Tempo hinaufstampfte. Doch selbst dann kamen mir fünf Minuten noch wie eine Stunde vor. Der Turbotrainer war eine infernalische Version von H. G. Wells' Zeitmaschine, die, statt Jahrhunderte abzuspulen, die Zeit fast bis zum Stillstand verlangsamte.

Doch das Pulsmessen war ein zukunftweisendes Verfahren. Seine Wirksamkeit war nicht zu bezweifeln. Man konnte damit seine Form in kurzer Zeit in einem Maße steigern, wie es durch unwissenschaftliches Training kaum möglich war. Die Pulsuhr sagte einem nicht nur, ob man genug tat, um seine Form zu verbessern, sondern auch, wann der Körper Erholung brauchte – wann man eigentlich überhaupt nichts tun, sondern sich ausruhen sollte. Der Amerikaner Greg LeMond war wohl der erste Radsportchampion, der durch reine Sportwissenschaft so weit gekommen war, doch sein spanischer

Nachfolger, der führende Profi der frühen neunziger Jahre, Miguel Indurain, schien noch mehr ein Kind der Zukunft zu sein. Indurain – schon sein Name klang wie der Markenname von etwas, das geradezu übernatürlich strapazierfähig und langlebig war – fuhr mit fast völlig ausdrucksloser Miene. Er wandte fast keine Taktik an: Seine einzige Strategie bestand darin, den Rest des Feldes beim Zeitfahren zu zerlegen. Er schien in einem fast unmenschlichen Reich reiner Leistung zu Hause zu sein, wodurch er etwas von einem Cyborg bekam. Immer wieder lasen wir, daß Indurains Lungenkapazität doppelt so groß war wie die eines normalen Sterblichen, ebenso wie sein Herz, und daß sein Ruhepuls bei regelmäßigen achtundzwanzig Schlägen pro Minute lag – weniger als die Hälfte des Ruhepulswerts eines normal trainierten Menschen. Indurain war die Inkarnation des Sportlertraums, mehr Maschine als Mensch zu sein.

Vor LeMond und Indurain hatte sich niemand dafür interessiert, wie hoch etwa Stephen Roches Herzfrequenz war. Vom Profi bis hinunter zum Vereinsfahrer sprach jeder einfach davon, daß er an dem Tag »gute Beine« habe oder »schlechte«. Indurains magischer Wert dagegen hatte zur Folge, daß die Radrennfahrer wie besessen ihren Ruhepuls maßen. Jeden Morgen lagen sie nach dem Aufwachen im Bett, preßten die Finger auf das Handgelenk und verfolgten mit den Augen den Sekundenzeiger ihrer Uhr, wobei sie versuchten, so gleichmäßig zu atmen wie im Schlaf und sich absolut nicht zu bewegen. Statt sich wie einst davon zu erzählen, wie viele Kilometer sie in der Woche gemacht hatten, tauschten die Vereinskameraden jetzt Pulswerte aus. Es war eine andere Form von Bestätigung für die Entscheidung, die wir getroffen hatten. Das Leben kam einem Radfahrer lebenswert vor, wenn sein Ruhepuls von sechsundvierzig auf zweiundvierzig gesunken war.

Anfang der neunziger Jahre wurde der Kampf zwischen den alten und den neuen Methoden eine Zeitlang durch den denkwürdigen Wettstreit zwischen den britischen Zeitfahrern Graeme Obree und Chris Boardman dramatisiert. Obree hatte sich sein seltsam aussehendes Fahrrad zusammengebaut, während er stempeln ging, und dabei nicht nur auf andere Fahrräder, sondern, wie jedermann wußte, auch auf eine alte Waschmaschine zurückgegriffen. Sein Training bestand ausschließlich aus einsamen Kilometern auf der Straße. So exzentrisch sein Rad und die Position, die er darauf einnahm, aussehen mochten, war Obree doch bis ins Mark ein britischer Radsportler der alten Schule. Boardman sah man dagegen nie ohne seinen Trainer, einen Sportwissenschaftler. Auch er fuhr ein unorthodoxes Rad, doch das seine war eine im Windkanal getestete High-Tech-Maschine, eine Spezialanfertigung aus Kohlefaser. Wie jeder Radsportler spulte Boardman seine Kilometer ab, doch er trainierte auch auf der Rolle, angeschlossen an einen Computer, der seine Wattleistung, seine Herzfrequenz, seinen Sauerstoffverbrauch und die Milchsäureproduktion maß – alles, was wissenschaftlich meßbar war. Als diese beiden Fahrer zum Duell um das blaue Band des Radsports antraten, den Stundenrekord (die größte Distanz, die ein Fahrer auf der Bahn in einer Stunde zurücklegen kann), standen ganze Philosophien auf dem Spiel: Tradition versus Moderne, Amateur versus Profi, Intuition versus Wissenschaft. Formal gesehen trug Boardman den Sieg davon, als Obrees Ergebnis annulliert wurde, weil die Union Cycliste Internationale (die höchste Institution des Radsports) seine Sitzposition für unzulässig erklärte. Doch unter Vereinsfahrern war Obree damals der Beliebtere von beiden, und viele sahen in ihm den moralischen Sieger. Mochte sein Rad auch ein neumodisches Ding sein, vom Geist her stand er für die Art Radsport, die sie kannten, und für die alte Weisheit, daß die einzige Methode, sich zu steigern, harte Arbeit und unzählige Kilometer waren.

Obree flirtete kurz mit dem Berufssport, doch sein Individualismus schien einer Profikarriere im Wege zu stehen. Boardman dagegen gelang ein tadelloser Start, indem er bei der Olympiade in Barcelona auf der Bahn Gold gewann. Boardman kam aus Wirral im Nordosten Englands, so daß ich ihn nie hatte fahren sehen, aber wenn man *the comic* las – wie das Wochenblatt *Cycling News* unter den britischen Rennfahrern mit einer Mischung aus Zuneigung und Verachtung genannt wurde –, dann wußte man, wer er war. Woche für Woche führte er mit unglaublich niedrigen Zeiten auf zehn und fünfundzwanzig Meilen die Zeitfahrtabellen an. Nach Barcelona hätte ich ihn nur zu gern als britischen Radsportchampion bewundert – endlich hatten wir eine moderne Leitfigur. Als er dann beim Zeitfahrprolog seiner ersten Tour de France auf den rutschigen Pflastersteinen stürzte und sich den Knöchel brach, konnte ich ihm diese bittere Enttäuschung fast so nachempfinden, als wäre es meine eigene. Ich wußte, wie es sich anfühlte, durch einen Sturz auszuscheiden, wenn man sich viel erhoffte – zumindest konnte ich mir vorstellen, was für ein wichtiger Punkt dies in seiner Laufbahn hätte sein sollen. Doch von da an hatte man bei jedem Interview den Eindruck, daß er hauptsächlich seine Pulswerte im Kopf hatte. Es schien fast das einzige Thema zu sein, zu dem er sich äußerte, und allzuoft klang es wie eine Entschuldigung. Heute, nach seinem Rückzug aus dem Berufsradsport, ist mir klar, daß er mehr Respekt und Mitgefühl verdiente. Offensichtlich war er einer der wenigen »sauberen« Fahrer im Peloton. Kein Wunder, daß er immer auf der Suche nach irgendeiner physiologischen Erklärung war, warum er so oft nicht in Form zu sein und Mühe zu haben schien, mit weniger begabten Fahrern mitzuhalten. Sie nahmen EPO und Wachstumshormone. Er dagegen fuhr nur mit Vitaminen.

Um nicht hinter Mick zurückzubleiben, flirtete ich auch mit der Pulsmessung. Ich kaufte einem Freund einen Pulsmesser ab und benutzte ihn eine Weile, aber kaum mit mehr Begeisterung als den Turbotrainer – und meistens nur in Verbindung damit. Außer der klobigen Armbanduhr mit dem Display mußte man ein breites Elastikband um die Brust tragen, um das Plastikteil mit dem Sensor, der die elektrischen Impulse vom Herzschlag aufnahm, an seinem Platz zu halten. Ich trug das Ding nie genug, um mich daran zu gewöhnen, so daß ich es als einengend und unbequem empfand, wie zu steife Kragen und Krawatten. Als die Batterie leer war, wechselte ich sie nicht aus.

Mit einem stillen Seufzer der Erleichterung räumte ich den Pulsmesser weg und vergaß ihn. Man sollte keinen Pulsmesser brauchen, entschied ich – man sollte sich auch ohne Rückgriff auf künstliche Hilfsmittel und klinische Methoden fordern können. Schließlich weiß man, wann man gute Beine hat und wann nicht. Man sollte beim Fahren nach Gefühl, Instinkt und Erfahrung gehen können. Als hätte er auf dieses Stichwort gewartet oder als erkenne er endlich verbittert meinen übermächtigen Widerwillen an, gab der Turbotrainer seinen Geist auf. Mit einem plötzlichen apokalyptischen Klappern brachen die Plastikblätter des Windrads ab, wodurch der Rest seines verrosteten Gestells nutzlos wurde. Er landete, nicht im geringsten betrauert, auf der städtischen Müllhalde.

Von da an trainierte ich lieber auf der Straße, selbst wenn ich mit schlechtem Wetter oder der winterlichen Dunkelheit zu kämpfen hatte. Auf der Straße gab es etwas, das den Geist beschäftigt hielt und mich vor dem

Schicksal des Hamsters im Laufrad bewahrte. Selbst die Fahrt durch endlose Vorortstraßen, durch die man zumindest der Stadt entfloh, kam mir bei aller Vertrautheit unendlich viel reizvoller vor. Dabei lockte doch immer das Land, das mich dann auch belohnte. Noch bei der kürzesten Trainingsfahrt – zwei Stunden, hin und zurück – gewann ich neue Eindrücke, genoß den Anblick der Landschaft und die Gerüche, die zu den North Downs gehörten und eine Stunde lang mir. Dieser ungestörte Moment der Freiheit schien dafür zu reichen, daß ich eine Woche Alltag in der Stadt ertrug. Solange ich genug Zeit hatte, zog ich das Kilometersammeln vor.

Es war Samstag nachmittag, und wir waren bei Ruths Schwester zum Tee. Justine hat eine besonderes Talent für Nachmittagstees. Es ist ein Ritual, an das sie auf fast religiöse Weise glaubt. Ich hatte gegen einen kleinen Nachmittagstee nichts einzuwenden. Ich hatte zwar am nächsten Tag ein Rennen, aber ich konnte mir ein Stück Kuchen und ein paar Kekse leisten, solange ich mir nicht den Appetit verdarb für eine üppige Pastamahlzeit am Abend. Kohlenhydrate tanken und meine Beine ausruhen waren die beiden Gebote, zu denen meine Gedanken immer wieder zurückkehrten als einem beständigen Refrain in meinem Hinterkopf.

Ruth brachte Justine oft Blumen mit. Manchmal kamen wir auch mit Tortenstücken, aber sie hatte ohnehin immer Teegebäck oder Muffins oder einen Kuchen. Justines vierjähriger Sohn war ein kleiner Wildfang. Groß für sein Alter, ein richtiger Junge, stürmte er raus und rein und fiel über die gebutterten Scheiben Früchtebrot auf dem Küchentisch her.

Justine erwartete gerade ihr zweites Kind. Es hätte eigentlich nicht von Bedeutung sein sollen, aber die bloße Tatsache schien unser offenbares Unvermögen auf subtile Weise zu unterstreichen. Innerhalb von ein paar Wochen schien etwas, das kaum mehr als eine Entschuldigung für eine unbestimmte Zukunft ohne Verhütungsmittel gewesen war, zu einer umfassenden existentiellen Krise eskaliert zu sein. Ruth und ich sahen uns allmählich gezwungen, uns vorzustellen, wie unser gemeinsames Leben ohne die Art von häuslichem Chaos würde aussehen können, das durch Kinder so erstrebenswert zu werden schien. Ein Leben, von dem unser wöchentlicher Besuch bei ihrer Schwester uns eine farbige Momentaufnahme lieferte.

Ich hatte immer angenommen – wenn auch nur in einem vagen, abstrakten Sinn –, daß das Kinderbekommen eine natürliche Zäsur in unserem Leben darstellen würde. Auf dieselbe abstrakte Weise war mir klar, daß ich mich dann vom Radrennsport würde zurückziehen müssen. Ich dachte, wenn es soweit war, würde ich zu dieser Entscheidung bereit sein. Der Zeitpunkt schien stets noch weit genug weg zu sein. Jetzt jedoch sah ich mich mit der verwirrenden Möglichkeit konfrontiert, daß ich vielleicht nie würde aufhören müssen. Ich konnte mein Leben lang radfahren. War es das, was ich wollte? Es war schwer, den abergläubischen Gedanken loszuwerden, daß ich vielleicht hätte vorsichtiger sein sollen mit meinen Wünschen, daß vielleicht irgendeine göttliche Instanz in mein Herz geblickt, meine heimliche Untreue entdeckt und mir mit der kalten Ironie höherer Gerechtigkeit meinen geheimen Wunsch erfüllt hätte.

Die Tatsache daß es ungewiß war, ob wir würden Kinder haben können, hatte wie eine Ultraschalluntersuchung die verborgenen Bruchlinien in unserer Beziehung ans Licht gebracht. Unsere Einstellungen begann plötzlich auseinanderzugehen. Ich war nach wie vor optimistisch. Früher oder später würde Ruth schwanger werden. Ich hatte nichts dagegen, die Tests zu machen und jede daraus folgende Maßnahme zu ergreifen, doch ich empfand das Ganze nicht als so dringend. Wir waren beide noch keine Dreißig. Immer noch jung genug.

Für Ruth war das etwas anderes. Sie wußte, daß sie noch Zeit hatte, theoretisch gesehen. Doch es war die mögliche Leere all dieser vor ihr liegenden Zeit, die sie zu einer Einschätzung zwang. Sie hatte das Gefühl, *jetzt in diesem Moment* einer kinderlosen Zukunft ins Gesicht sehen zu müssen. Während ich froh war, die Enttäuschung aufschieben zu können, wollte sie die Emotion direkt in Angriff nehmen: um die Kinder trauern, die sie nie würde haben können, wenn es nun einmal so sein sollte.

Es machte mir Sorgen, wie wenig wir mehr übereinstimmten. Ich war bestürzt darüber, wie sie in so kurzer Zeit von relativer Gleichgültigkeit in Sachen Kinderkriegen, ja sogar einer ambivalenten Haltung dazu, an einen Punkt gelangt war, an dem unsere Kinderlosigkeit sich in einen Fluch verwandelt hatte, in eine tiefe Quelle von Schmerz und Leid. Während ich versuchte, mich auf die Heftigkeit von Ruths Gefühlen einzustellen, kam ich mir vor, als säße ich in einem kleinen Boot in einem schweren Sturm. Ich verfluchte mich dafür, daß ich das Unwetter nicht hatte aufziehen sehen. Zugleich mußte ich meinen Ärger über diesen ganzen Gefühlsaufwand auf so wackliger Basis hinunterschlucken. Es kam mir unlogisch vor, jetzt schon unglücklich zu sein, bevor wir überhaupt wußten, ob dazu Grund bestand.

– Die Ärztin ... ich fand sie furchtbar: so eine kalte Ziege, die über alles urteilt ... erzählte Ruth ihrer Schwester. Sie hat gemeint, ich müßte vielleicht noch mehr Tests machen.

– Was für Tests? fragte Justine.

– Es gibt da etwas, was man Laparoskopie nennt: Sie schneiden einen auf, stecken ein Periskop rein und sehen sich deinen Bauch von innen an. Man bekommt eine Vollnarkose, muß aber nicht über Nacht bleiben.

– Und wann wird das nötig?

– Wenn wir die anderen Ergebnisse haben: von meinen Hormontests und Matts Samentest. Vorausgesetzt, die sind in Ordnung. Sie warf mir schnell einen Seitenblick zu. Ich brauche natürlich keine Laparoskopie zu machen, wenn rauskommt, daß Matt mit Platzpatronen schießt.

– Na, hör mal, sagte ich.

– Na ja, es könnte ja an dir liegen, sagte Ruth in forschem Ton. Wir wissen es einfach noch nicht.

– Dieses ganze Fahrradfahren ... das kann doch für *deine* Fruchtbarkeit nicht gut sein, brachte Justine vor.

– Moment mal ...

– Genau, pflichtete Ruth ihr bei. Bei zu großer Hitze sterben die Samen ab, nicht wahr? Zu enge Jeans sollen doch auch die Samenkonzentration verringern.

– Und was könnte enger sein als Fahrradhosen? fügte Justine hinzu.

– Und all die Stunden auf diesen winzigen Sätteln, sagte Ruth. In einer deiner Radsportzeitschriften war ein Artikel darüber, daß Radfahren zu *Taubheit des männlichen Gliedes* und *Störungen der Erektionsfähigkeit* führen kann. Ein leichter schelmischer Unterton hob die Fachausdrücke hervor.

– Na toll, dann bin ich jetzt also nicht nur unfruchtbar, sondern auch impotent! Ziehen wir da nicht ein wenig voreilige Schlüsse?

– Na ja, überleg doch mal, sagte Ruth. Es könnte doch sein, oder nicht? Warum muß denn unbedingt mit mir etwas nicht stimmen? Und wir sind ja mal schwanger geworden, bevor du so viel radgefahren bist, erinnerst du dich?

– Das ist doch ewig her. Da waren wir praktisch noch

Teenager. In dem Alter ist jeder fruchtbar. Da wachsen einem die Hormone zu den Ohren raus.

– Aber wenn es nun wirklich an dir liegt? Würdest du dann mit dem Radfahren aufhören? insistierte Ruth.

– Hm ... ja. Wahrscheinlich. Ich meine, das müßte ich dann wohl ... Aber ich wehre mich gegen die Behauptung, daß zwischen Radfahren und niedriger Samenkonzentration eine Verbindung besteht. Was ist mit den Profis? Die sitzen viel mehr im Sattel als ich, aber ich hab noch nie gehört, daß Profis keine Kinder bekommen können.

Meine Zuhörerschaft blieb skeptisch.

– Okay, wenn ich es bin, wenn meine Samenkonzentration zu gering ist, dann geb ich das Radfahren auf. Okay? Könnten wir jetzt bitte das Thema wechseln?

Das Gespräch wandte sich irgendeiner Zeitungsmeldung zu. Obwohl ich empört war über die Art und Weise, wie meine sportliche Betätigung angegriffen worden war, war mir doch ein wenig mulmig wegen des Versprechens, das ich Ruth gegeben hatte. Der Keim des Zweifels war gesät. Was, wenn es wirklich an mir lag?

Ich mußte mich fragen, ob ich tatsächlich bereit sein würde, das Radfahren aufzugeben. Ich konnte fast alles aufgeben, ohne es allzusehr zu entbehren. Aber das Radfahren?

Fitneß läßt sich nicht vortäuschen. Manchmal hörte man die alten Herren zuversichtlich davon reden, daß »sich die Muskeln erinnern« würden – daß die Beine selbst nach einer langen Pause noch wüßten, was sie zu tun hätten. Sie erinnern sich vielleicht an das Gefühl, aber die Fitneß vergessen sie. Keine noch so große natürliche Begabung kann einen Mangel an Form wettmachen. Das war eines der Dinge, die ich am Radfahren mochte: Arbeit, hartnäckige Anstrengung, wurde belohnt. Mit der Form kommt die Ausdauer: Durch beständiges Training verändert sich die eigene Leistungsfähigkeit. Der Stoffwechsel des Körpers paßt sich den Belastungen an, an die er gezwungen wird, sich zu gewöhnen.

Das Herz wird stärker und beginnt, effizienter zu arbeiten. Die Lunge wird größer und kann mehr Sauerstoff aufnehmen. Die Beinmuskeln lernen, einen immer höheren Grad an Milchsäure zu tolerieren – das toxische Abfallprodukt, das entsteht, wenn die Muskeln das Glykogen verbrennen, das ihnen als Treibstoff dient. Wenn die Fitneßcenter-Prediger schwärmerisch davon reden, daß man *the burn* spüren müsse, dann reden sie von dem Schmerz, den die Erhöhung des Milchsäuregehalts in müden Muskeln verursacht. Aber nichts, was man in einem Fitneßcenter tun könnte, ruft auch nur annähernd solche Schmerzen hervor, wie man sie in den Beinen verspürt, wenn man nach hundertzwanzig Kilometern in Renngeschwindigkeit zum vierten oder fünften Mal einen steilen Hügel hinaufstampfen und dann oben weitersprinten muß, statt sich zurückzusetzen und sich, locker tretend, zu erholen.

Das passiert häufig bei Rennen: Der Kontakt reißt nicht etwa am Fuß der Steigung ab, ja nicht einmal auf halber Höhe, sondern oben, wenn man glaubt, man sei in Sicherheit, habe die nötige Leistung erbracht. Das ist der Moment, in dem man wachsam sein muß, bereit, von neuem loszulegen. Ein Abstand von drei Metern am höchsten Punkt der Steigung, der Stelle, wo sie auf dem Kontinent für die *grimpeurs* eine *prime*-Linie auf die Straße malen, verwandelt sich im Flachen innerhalb von Sekunden in eine unüberbrückbare Dreißig-Meter-Kluft. Ein kurzer Moment der Schwäche oder des Nachlassens der Konzentration, und es konnte passieren, daß man die nächsten zwei oder drei Kilometer hinter dem Feld herjagte. Nichts, würde man meinen, könnte schlimmer sein, als sprinten zu müssen, um nicht abreißen zu lassen – bis man erlebt hat, wie es ist, dem Feld auf Teufel komm raus hinterherzujagen, während einem das erniedrigende Gefühl, nach hinten rausgefallen zu sein, auf den Fersen sitzt.

Und die ganze Zeit sagen einem die Schmerzen, daß man aufhören soll. Dafür sind Schmerzen da: Sie sind ein Warnsignal, ein rot blinkendes Alarmzeichen. Doch um ein Rennen zu fahren, muß man den Willen aufbringen, sich noch mehr zu quälen. Die Schmerzen sind heftig, durchdringend, verzehrend. Man nimmt fast nichts anderes mehr wahr. Das Blickfeld verengt sich zu einem Tunnel, in den nichts eindringt außer der Notwendigkeit, dem Hinterrad vor dir zu folgen und das Loch zu schließen. Es gibt nichts mehr außer den Schmerzen und deinem Willen, sie zu überwinden.

Darin unterscheidet sich der Radrennsport etwa vom Marathonlauf, der im allgemeinen eine gleichmäßige, konstante Anstrengung verlangt. Bei Marathonläufern mag es taktische Tempowechsel geben, doch sie müssen sich auch dafür wappnen, eine endlos scheinende, zermürbende Strapaze auszuhalten. Bei einem Radrennen gibt es einen unvorhersehbaren Kreislauf aus kurzen Phasen extremer Intensität und Atempausen: *longeurs*, in denen nicht viel passiert und man vielleicht sogar schnell ein paar Worte wechselt; Erholungsphasen, in denen man sich im Feld versteckt und betet, daß sich die eigenen Beine besser anfühlen, wenn es wieder losgeht; intensive, kurze Spurts, gefolgt von mühelosem Rollen, wenn ein Fahrer, der eng gedeckt wird, einen Angriff vortäuscht und sich dann zurückfallen läßt; und schließlich lange Perioden in einem gleichmäßigen, hohen Tempo, wenn die Spitze eine Verfolgung organisiert und man einfach nur mitfährt. Manchmal ist es fast erleichternd, bei einem Angriff mitzugehen und auszureißen, denn dann pendelt sich die Anstrengung auf einem Level knapp unter der wirklichen Schmerzgrenze ein, wo man den eigenen Kraftaufwand besser kontrollieren kann. Man strengt sich so sehr an, wie man kann, ohne in Sauerstoffschuld zu geraten.

Es gab Augenblicke bei Rennen, in denen ich den Kopf hätte auf den Lenker legen und einschlafen können, in denen der Grasstreifen am Rand so grün und saftig aussah, daß er mir vorkam wie eine smaragdgrüne Matratze, die jemand dort für mich hatte liegen lassen. Manchmal hatte ich wenig geschlafen, aber wenn man so fit ist, braucht man nicht mehr so viel Schlaf. Im Sommer stand ich früh auf, um Rennen zu fahren, und im Winter noch früher, um zu trainieren, so daß es draußen noch dunkel war, wenn ich meine große Schüssel Porridge hinunterzwang. Halb wach geworden durch meinen Wecker, gab Ruth jedesmal das unwirsche *Pst!* von sich, das sonst hartnäckigen Plapperern im Kino vorbehalten war, und drehte sich dann wieder zur Wand, um ihren vollen Anteil an Schlaf zu bekommen.

Meine Schläfrigkeit im Sattel könnte eine Wirkung der Endorphine gewesen sein, der natürlichen Tranquilizer des Körpers, die durch hartes Training ausgeschüttet werden. Ein Rennen begann gewöhnlich mit einer Phase aufgeregter Aktivität, einem allgemeinen Gerangel um Positionen und vielleicht einer frühen Attacke. Man war sofort *on the rivet* – ein Ausdruck, der noch aus der Zeit stammte, als alle Fahrradsättel zur Befestigung des Leders hinten Nieten (*rivets*) hatten, wie Brooks-Sättel heute noch. Gemeint war damit, daß man durchgestreckt auf dem Rad saß, die Hände in den Lenkerbögen, den Oberkörper so tief wie möglich hinabgebeugt, den Hintern im Sattel zurückgeschoben, und all seine Kräfte zusammennahm, um bei jedem Tritt jedes Quentchen Hebelkraft auszunutzen.

Als Reaktion auf die intensive Anstrengung überschwemmte das Gehirn den Körper mit Endorphinen. Diese Trainingsnarkotika sind der Lohn für die physischen Strapazen, die man auf sich nimmt, wenn man sich bis zum Äußersten fordert. Wenn das Rennen in eine ruhigere Phase eintrat, lösten diese stimmunghebenden Opiate ein rauschhaftes Wohlgefühl aus, das fast postkoital war in der schläfrigen, glühenden Wärme, mit der es einen umfing. Doch die ruhigeren Phasen dauerten bei Rennen selten länger als ein paar Minuten, manchmal sogar nur Sekunden. Dann setzten die Schmerzen wieder ein.

– Scheiße! Schaut euch das an. Das ist doch zum Heulen.

Zusammengesackt und mit hängenden Schultern saß Shaun nach einem zweitägigen Etappenrennen im Umkleideraum auf der Bank. Er war nur mit einem schweißnassen Unterhemd bekleidet und von der Taille abwärts nackt.

Es war ein hartes Rennen gewesen. Man spürte deutlich, daß die Rennen im Lauf der Saison härter wurden. Zu Beginn der Saison waren noch nicht alle im Feld aufs Tempofahren eingestellt, doch bis zum Hochsommer waren alle so fit, wie sie es in dem Jahr werden würden. Es war einer jener Septembertage gewesen, an denen es noch heiß war, wenn die Sonne durchkam, aber bei einem Nordwind, der den Herbst ankündigte, schon kühl, wenn die Sonne hinter einer Wolke verschwand. Mein getrockneter Schweiß hatte hinter meinen Ohren Salzkrusten gebildet und auf meinem Trikot weiße Schaumkronen hinterlassen.

Ich blickte hinüber, um zu sehen, wovon Shaun sprach.

– Mann, ich darf keine Rennen mehr fahren. Schaut doch, was das mit einem macht! Scheiße, ich bin fast kein Mann mehr.

Er hatte recht. Es ging uns allen so. Zum Teil war es die abkühlende Wirkung des verdunstenden Schweißes und des beständigen Luftstroms, die die Genitalien schrumpfen ließ. Aber ein Grund war auch, daß sämtliches Blut von unwichtigen Körperteilen abgezogen und für das eine eingesetzt wurde, auf das es ankam: den Motor der Beinmuskeln anzutreiben. Und stundenlang auf einem Rennsattel zu sitzen machte die Sache vermutlich nicht besser.

– Wo ist denn deine *soigneuse*, Shaun? spöttelte jemand.

– Ja, genau. Schön wär's.

Niemand von uns hatte eine *soigneuse*. Das wäre als unglaublich anmaßend empfunden worden. Die paar Freundinnen, die mitkamen, um zuzusehen, waren schon genug zu bedauern. Wenn sie in die Nähe der Gemeindehäuser kamen, in denen oft die Umkleideräume untergebracht waren, warfen ihnen die anderen Fahrer verstohlene, halb neugierige, halb raubtierhafte Blicke zu – die defensiven Posen einer Männergesellschaft, die ihre Exklusivität für unantastbar hielt.

– Dafür ist es sowieso zu spät, fügte Shaun hinzu. Der hier braucht ein Unfallteam, keine Massage.

Damit war für ihn das Thema abgeschlossen, und er schleppte sich zur Dusche.

Im wirklichen Leben war Shaun Postbote. Außerdem war er einmal Triathlet gewesen. Das erklärte seinen unermüdlichen Willen zu trainieren. Triathlon zieht meist obsessive bis zwanghafte Typen an, denen es nicht reicht, in einer Disziplin topfit zu sein. Es sind Konditionsfetischisten mit einer anormalen Fähigkeit, nicht nur die zermürbenden Schmerzen extremen Ausdauertrainings zu ertragen, sondern auch die tödliche Langeweile, die damit verbunden ist.

Solche Typen liefen einem immer wieder über den Weg.

Triathleten der Spitzenklasse benutzten Straßenrennen manchmal als Teil ihres Trainingsprogramms. Ihre Kraft und ihre Kondition waren selbst nach den hohen Anforderungen der Kat-1-Vereinsfahrer phänomenal, aber taktisch waren sie meistens naiv. Oft setzten sie sich an die Spitze und zogen das Feld in stetigem Tempo bis zu einer Ausreißergruppe, nur um dann, sobald der Kontakt wiederhergestellt war, von einer Schar Fahrer mit frischen Beinen überholt zu werden. Die Triathleten schien das kaum zu scheren: Es ging ihnen nicht um die Punkte, ja nicht einmal darum anzugeben, sondern nur um das Workout. Wir Radfahrer schüttelten ob dieser sinnlosen Kraftentfaltung nur ungläubig den Kopf.

Shaun war anders. Er war ganz vom Triathlon abgefallen und lebte wie ein echter Radrennfahrer. Das erste Mal, daß ich ihn bei einem Rennen erlebte, war bei einer Veranstaltung zum Ende der Saison auf dem Rundkurs von Crystal Palace. Niemand kannte ihn, daher nahm es keiner ernst, als er sich gleich nach dem Startschuß vom Feld absetzte. Es wirkte wie ein unsinniges, zum Scheitern verurteiltes Abenteuer.

Nach wenigen Runden hatte Shaun die Junioren eingeholt, die immer mit einer halben Runde Vorsprung starteten. Ohne zu pausieren, zog er einfach an ihnen vorbei. Einem von ihnen gelang es, sich für ein paar Runden an sein Hinterrad zu heften, bevor er zurückfiel. Das Tempo des Feldes war hoch, denn da es das letzte Rennen des Jahres war, gab es für jede Runde Geldprämien. Aber keiner wollte sich auf eine harte Verfolgung einlassen, denn alle nahmen an, der unbekannte Fahrer würde nach ein paar weiteren Runden von selbst wieder eingesammelt werden. Es war unvorstellbar, daß ein Solist nicht nach wenigen Runden erledigt sein würde.

Shaun blieb das ganze Rennen lang allein in Führung, eine so ehrfurchtgebietende Leistung, daß man es ihm kaum mißgönnen konnte, daß er alle Prämien einheimste bis auf drei. Wir waren die taktisch Naiven gewesen. Er hatte genau gewußt, was er vorhatte.

Von da an war er gezeichnet, ein Fahrer, nach dem man immer Ausschau hielt. Sein Instinkt gebot ihm, bei jedem Angriff mitzugehen, so daß er oft bei den ersten Ausreißversuchen dabei war. Er befand sich deshalb nicht immer in der besten Gesellschaft, denn die besseren Fahrer warteten erst einmal ab, doch wenn Shaun bei einer Fluchtgruppe dabei war, dann wußte man, daß sie eine gewisse Chance hatte, einfach weil er sie vorantrieb. Er würde selbst schuften wie ein Tier, ein erbarmungsloses Tempo vorgeben und jedem, der sich um seinen Teil der Arbeit drückte, den Marsch blasen. Er schafft es, professionelles Zusammenstauchen wie höfliche Konversation klingen zu lassen. Doch man mußte es sich gut überlegen, ob man in einer Fluchtgruppe mit Shaun mitging: Er fuhr oft wie ein *super-domestique*, nicht um selbst zu gewinnen, sondern um die Konkurrenz zu zermürben, damit ein Teamkollege später den entscheidenden Angriff lancieren konnte.

Als Postbote war Shaun immer früh auf den Beinen und hatte seine Arbeit getan, bevor die meisten Leute in die Mittagspause gingen. Dann setzte er sich auf sein Rad. Fünf oder sechs Stunden im Sattel, an sechs oder sieben Tagen in der Woche. Sommers wie winters. Die meisten von uns waren froh, wenn sie über Weihnachten nicht allzu viele Pfunde zugenommen hatten. Von Neujahr bis Anfang Februar, einen ganzen Monat vor Beginn der Saison, hatte Shaun schon dreitausend Kilometer zurückgelegt.

Viele dieser Kilometer fuhr er allein. Wenn man sich gerade stark fühlte, mochte man sich Shaun zu einer

Trainingstour anschließen, doch man tat es in dem Bewußtsein, daß man riskierte, sich zu überfordern. Er trainierte genauso viel wie jeder Profi, der etwas auf sich hielt. Vielleicht sogar noch mehr, denn ein Profi hätte wohl einen Trainer gehabt, der ihn vor der Gefahr des Übetrainings bewahrt hätte. Shaun war aus einem anderen Holz geschnitzt.

Viel später, als ich längst aus dem Radsport ausgestiegen war, traf ich Shaun einmal an der Bahn. An einem frühsommerlichen Samstag vormittag kam ich zufällig am Herne-Hill-Stadion vorbei. Ich hatte die Kinder im Wagen. Sie waren noch keine drei Jahre alt, doch ich dachte, ich könnte kurz anhalten und ihnen die Radfahrer zeigen, schauen, ob jemand da war, den ich noch kannte, und ihm die Kinder zeigen.

Die Füße auf die Sitzreihe vor ihm gestellt, saß Shaun mit ein paar Kumpeln auf der Tribüne.

– Hallo, Shaun, sagte ich.

– He Matt ... Wie geht's dir? Wo hast du gesteckt?

– Gut ... tja. Ich fahr nicht mehr viel ... Die zwei hier halten mich ziemlich in Atem, sagte ich und deutete mit dem Kopf zu dem Jungen auf meiner Hüfte und zu meiner Tochter, die sich an meine Jeans klammerte.

Shaun starrte sie an, als hätte er sie bis dahin gar nicht bemerkt.

– Das sind deine Kinder? Scheiße ... und ich dachte immer, du wärst schwul.

– *Ich?* Ich doch nicht, sagte ich lachend, aber insgeheim peinlich berührt, ja ein wenig gekränkt. Es ist doch immer sehr aufschlußreich zu erfahren, wie andere einen sehen. Was Shaun betraf, so war es kein Vorurteil, er war einfach nur überrascht, mich so falsch eingeschätzt zu haben. Ich hatte von ihm nie ein abfälliges oder unfreundliches Wort gehört, wenn wir zusammen Rennen gefahren waren. Als Radsportler wird man meist danach beurteilt, wie man fährt, und nach nichts anderem. Solange man im Sattel sitzt, fällt alles andere von einem ab.

– Fährst du heute gar nicht? fragte ich, um das Thema zu wechseln.

– Nein. Hab Probleme mit dem Knie. Muß es schonen, antwortete Shaun.

– Oh, das tut mir leid. So ein Mist. Wie lange dauert es denn, bis es wieder okay ist?

– Drei bis vier Wochen. Ich kann schon fahren damit, aber nur ganz locker, kein richtiges Training.

Ich rechnete schnell im Kopf nach: Vor Anfang Juni würde er keine Rennen fahren können. Er würde Glück haben, wenn er rechtzeitig zu den Sektionsmeisterschaften wieder fit sein würde. Er tat mir leid. Er biß die Zähne zusammen, tat gelassen, aber ich an seiner Stelle wäre insgeheim wütend und deprimiert gewesen, wenn ich durch so etwas meine sauer verdiente Form verloren hätte. All das Training im Winter – alles umsonst. Es hätte mich zur Verzweiflung getrieben. Dieser Moment der Einfühlung oder der Projektion meiner selbst in sein Leben zog einen Anfall von Übelkeit nach sich. Das Gefühl war mir von den Fällen her vertraut, in denen ich durch einen Sturz oder einen Platten aus dem Rennen ausgeschieden war: Ich erkannte den säuerlichen Geschmack der Enttäuschung und der Frustration wieder.

Genau in dem Moment ergriff mich eine Woge der Erleichterung darüber, daß dies, was auch immer sonst geschehen sein mochte, nicht mehr mein Leben war. Mein Glück oder mein Unglück ließen sich nicht mehr in Kilometern messen.

– Tja, wir müssen weiter. Paß auf dich auf, sagte ich, womit ich meinen Sohn ein Stück weiter hochhievte und nach der Hand meiner Tochter griff.

– Ja, du auch, Kumpel.

Nach jedem Rennen, das wir gefahren waren, sagten Mick und ich zueinander: *Das war hart*. Manchmal sogar: *Das war das härteste Rennen bisher*, was heißen sollte, in dieser Saison. Oder, wenn wir einen Superlativ brauchten: *Das war das härteste Rennen, das wir jemals gefahren sind*. Wir sagten es jedesmal in dem Moment, in dem wir uns mit dem Auto auf den Heimweg machten. Oft sagten wir auf der ganzen Fahrt nicht viel mehr. Wir redeten auf dem Hinweg, wenn wir voller nervöser Energie waren und versuchten, uns von unseren gärenden Bäuchen abzulenken. Auf der Rückfahrt wollten wir uns nur noch ausruhen und erholen. Reden verbrauchte zu viele Kalorien.

Am Sonntag Rennen zu fahren reichte nicht aus, wenn man in Form bleiben wollte. Mein Programm sah so aus, daß ich am Dienstagabend am Rennen in Crystal Palace teilnahm und dann am Donnerstag nach der Arbeit an einer Trainingsfahrt mit einer Gruppe, die sich regelmäßig in Anerley traf, den Hügel hinunter von Crystal Palace. Im Winter fanden diese Fahrten im Dunkeln statt. Dann verließen wir uns darauf, daß es zu mehreren sicherer war, weil eine Gruppe im Dunkeln besser zu sehen ist als ein einzelner Fahrer. Wir fuhren nach Knockholt hinaus, auf den Kamm der North Downs, so daß wir am Ende eine stetige Steigung vor uns hatten. Nur die letzten paar Kilometer lagen außerhalb der Vorortwucherungen der Stadt, und an kalten Abenden sackte die Temperatur ab, sobald man die beheizten Gebäude und beleuchteten Straßen hinter sich gelassen hatte und zwischen dunklen Äckern dahinfuhr. Es war, wie wenn man im Meer schwimmt und plötzlich aus sonnengewärmtem Wasser überraschend an eine kühle Stelle kommt, wo die Gezeiten oder irgendwelche Strömungen kalte Wassermassen aus der Tiefe heraufgeholt haben.

Im Sommer fuhren wir eine längere Tour: auf der anderen Seite der Downs wieder hinunter in das Tal, durch das sich die M25 dahinzieht. Um die Zeit war die Saison schon voll im Gang, und unsere Fahrten bekamen etwas von einem Wettbewerb, wurden zu inoffiziellen Rennen. Wir jagten die schmalen Straßen entlang, aus denen der Pilgrim's Way sich zusammensetzt, ließen jedoch noch eine Reserve für den langen, beschwerlichen Anstieg zurück auf den Badger's Mount.

Crystal Palace ist der große Orientierungspunkt für Radsportler im Londoner Süden. Die beiden Sendemasten, die in ihrer altmodischen Modernität wie verkleinerte Eiffeltürme wirken, sind bis in die North Downs zu sehen, gleich einem Leuchtturm, der einen in die Hauptstadt zurückruft. Der lange Anstieg auf die Anhöhe, auf der einst der große Eisen-und-Glas-Pavillon stand, war immer die letzte Hürde für den Radsportler, der sich mit müden Beinen dem Endpunkt seiner Fahrt näherte. Von dort, so wußte man, ging es den ganzen Weg bis nach Hause bergab.

Doch Crystal Palace war für Radsportler noch aus einem anderen Grund von Bedeutung. Von Mai bis September, während es abends lang genug hell war, fand im Park jede Woche ein Rennen statt. In der Szene nannte man es verkürzt das »Palace«, wie in: *Bist du heut abend beim Palace dabei?* Für den Kurs wurde ein Teil der alten Motorradbahn genutzt. Er war zwar weniger als anderthalb Kilometer lang, machte jedoch phanstasievoll Gebrauch von den Umrissen des Hügels. Es wurde gegen den Uhrzeigersinn gefahren und begann mit einer flachen Geraden, die in eine brutale Haarnadelkurve nach links mündete. Darauf folgte eine scharfe Rechtskurve, dann ein schnelles Gefälle, das mit einer weiten Biegung nach links mit ungünstiger Wölbung endete, und schließlich ein steiler Anstieg zurück zur Zielgeraden.

Es war eine schnelle, technische Strecke, die bei den ersten Malen, die man sie fuhr, reichlich Überraschungen bereithielt. Man mußte lernen, mit so viel Schwung wie möglich in die Haarnadelkurve zu gehen, sich so weit in sie hineinzulegen, wie man sich traute, und zwischen all den anderen Fahrern die Ideallinie zu halten. Am besten war es, an der Innenseite zu fahren, so daß man mit Schulter und Helm die Zweige einer Trauerweide streifte, die in einer fast komischen Verkörperung des Malerischen den Mittelpunkt des Kurvenradius markierte. Der Trick bestand jedoch darin, die Kurve mit so viel Tempo zu nehmen wie möglich: Verlor man zu sehr an Geschwindigkeit, war man versucht, zu früh wieder anzufangen zu treten, und lief Gefahr, mit dem Pedal den Boden zu berühren. Statt dessen versuchte man, das Tempo beizubehalten und dann, sobald man durch sie hindurch war, aus dem Sattel zu gehen und loszusprinten. Im Nu hatte man die nächste Biegung erreicht, die Rechtskurve, und schon schoß man den Hügel hinunter. Man mußte lernen, unten möglichst wenig zu bremsen, bevor man in eine furchterregende Linkskurve einbog, an der die Straße rechts zu einer steilen Grasböschung hin abfiel. Um diese Kurve möglichst schnell zu nehmen, mußte man sie am Scheitelpunkt durchfahren, wobei man mit der linken Schulter einen Lattenzaun streifte. Die Wölbung der Fahrbahn war gemein, und der Asphalt war unter den überhängenden Zweigen der Bäume oft dermaßen staubig, daß man, wenn man auch nur ein wenig von der Fahrlinie abkam, die Reifen zukken spürte, während das Rad minimal seitlich ausbrach, bevor sie wieder griffen. Selbst bei trockenem Wetter brauchte man dazu bei jeder Runde ein wenig Mut. Wenn es naß war, nahm ich, wie viele andere, gar nicht erst teil. Wenn die Fahrbahn feucht war, kam immer ein ganzer Trupp von Zuschauern von der Zielgeraden herunter, um sich die unvermeidlichen Stürze anzusehen, zu denen es kam, wenn jemand zu schnell in die Kurve ging oder unter den Bäumen eine schlüpfrige Stelle erwischte.

Doch die größte Herausforderung der Strecke war der Anstieg zwischen den Bäumen und zurück zur Zielgeraden. Er war weder besonders lang noch schrecklich steil, nur erbarmungslos stetig. Der Kurs war so kurz, daß man alle zwei Minuten zu dieser Steigung kam, wenn Beine und Lunge noch vom letztenmal gemartert waren. Der Anstieg wurde immer mit Volldampf genommen, wobei alle auf dem großen Kettenblatt fuhren. Jedesmal gab es irgend jemanden, der attackierte oder eine harte Schicht an der Spitze einlegte. Wenn man sich gut fühlte, übernahm man diese Schicht manchmal selbst, denn es war oft besser, vorn zu sein und das Tempo zu bestimmen, sich so sehr zu quälen, wie man sich traute, aber dabei auch die anderen zu quälen. Doch man mußte das Ganze genau abwägen und sich eine kleine Reserve lassen, damit man am Ende der Steigung nicht der Dumme war, wenn jemand anderes die Lage ausnutzte und genau dort attackierte. Im allgemeinen versuchte man, möglichst weit vorn zu bleiben, heftete sich jedoch an jemandes Hinterrad – verbissen und verzweifelt, als wäre es das Wichtigste auf der Welt.

Es war eine gnadenlose Strecke: Wer nicht voll in Form war, wurde rasch überführt. Selbst ohne eine Attacke war das Tempo so unerbittlich, daß jede Runde eine Selektion stattfand. Irgend jemand war am Ende und ließ, sich mit einem letzten Keuchen oder Ächzen geschlagen gebend, das Hinterrad seines Vordermanns fahren. Der Schluß des Feldes war kein erstrebenswerter Ort, denn wenn vor einem jemand abreißen ließ, mußte man sprinten, um den Kontakt zum letzten Hinterrad des Feldes wiederherzustellen. Zu Beginn des Rennens, wenn das Feld noch groß und noch nicht sortiert war, konnte ein solcher Fahrer zwei oder drei andere ausschalten, die sich an sein Hinterrad geheftet hatten.

Was man im Radrennsport grundsätzlich lernen mußte, war, daß die eigenen Ressourcen begrenzt waren. Man mußte seine Energie für den entscheidenden Moment und nur für diesen aufsparen. Beim Palace hieß das, daß man auf anderem Wege als durch primitiven Krafteinsatz eine gute Position im Feld halten mußte. Die Technik, die ich nach und nach perfektionierte, bestand darin, die Abfahrt auf der Geraden zu nutzen. Indem man sich auf die Innenseite schob und so lange mit dem Bremsen wartete wie möglich, konnte man an drei oder vier Fahrern vorbeiziehen und in der Haarnadelkurve die Innenlinie nehmen. Manchmal mußte man dafür jemanden ein wenig schneiden, aber das war schließlich nicht verboten. Manchmal mußte man auch ein wenig seine Ellbogen einsetzen.

Diejenigen, die regelmäßig beim Palace dabei waren, kannten dieses Spiel. Das einzige Mal, daß ich dafür beschimpft wurde, war, als ich dort an der Britischen Kriteriummeisterschaft teilnahm. Kriterien werden stets auf solchen kurzen, straffen Rundkursen ausgetragen. Weil die Rennen immer aggressiv und schnell sind und die Fahrer alle paar Minuten an derselben Stelle vorbeikommen, sind diese Meisterschaften, die oft im Zentrum von Städten stattfinden, das Beste, was der Sport für Zuschauer zu bieten hat. Die Fahrer rauschen vorbei, eine Wolke aus leuchtendbunten Trikots, doch für einen kurzen Moment kann man ihr mit Schweiß und Staub verschmiertes Gesicht, den Ausdruck von Konzentration und Schmerz darin erkennen. Außerdem kommt es bei diesen Rennen zu reichlich Vorfällen und Unfällen. Auf die Tour de France folgten traditionsgemäß eine Reihe von Kriterien, die eher den Charakter von Schaukämpfen hatten. In dem Bewußtsein, daß der einzige Zweck dieser Rennen darin bestand, dem begeisterten Publikum seine Helden vorzuführen, sprachen die Senioren meist das Ergebnis und die Verteilung des Preisgeldes unter den Mannschaften ab, bevor auch nur ein Fahrer aufs Rad gestiegen war.

Ende der achtziger Jahre waren Kriterien die eine Art von Radsportveranstaltungen, bei denen es den Organisatoren gelang, sie en bloc zu verkaufen und die Fernsehanstalten zu ihrer Übertragung zu bewegen. Nach seiner erfolgreichen Berichterstattung von der Tour de France zeigte der Sender Channel 4 eine Reihe von Kriterien, die auf abgesperrten Straßen im Herzen von Städten wie Glasgow, Cardiff und Sheffield ausgetragen wurden. Sponsoren stiegen ein, um ihr Logo auf einem Renntrikot unterzubringen, und über Nacht erhöhte sich die Zahl der Berufsfahrer von ein paar Dutzend auf sechzig bis achtzig.

Doch die Sache schlug nicht so ein, wie die Veranstalter gehofft hatten. Die Rennen wurden als Minderheitensport behandelt und um Mitternacht ausgestrahlt, als wäre der Berufsradsport in Großbritannien etwas ähnlich Schräges und Exotisches wie Sumo-Ringen. Auch nach drei oder vier Saisons war die Fernsehübertragung von Kriterien noch durch den Wandel der Wirtschaftslage gefährdet. Als Anfang der neunziger Jahre die Rezession einsetzte, schmolz die Zahl der Sponsoren dahin.

Als ich 1992 an den Meisterschaften teilnahm, hatte die Berichterstattung über die Profiszene wieder ihr Normalmaß erreicht. Es gab noch eine Handvoll Profis mit Sponsoren, die sie ziemlich mager entlohnten, aber keine Fernsehkameras mehr. Vom Mountainbiking sickerte ein wenig Geld herein, da einige Allroundprofis dafür bezahlt wurden, daß sie ihr Mannschaftstrikot sowohl bei

Straßen- als auch bei Querfeldeinrennen trugen. Aber viele fristeten ihre Existenz wieder als Halbprofis mit einem Job, der ihnen so viel Zeit wie möglich zum Trainieren und für Rennen ließ. Mit der Aufnahme in ein Team bekam man wenigstens die Ausrüstung bereitgestellt und die Renngebühren und Reisekosten bezahlt. Die Belegschaft blieb dieselbe – die Männer, die für kurze Zeit gedroht hatten, berühmt zu werden: Dave Rayner, Jon Tanner, Chris Lillywhite und andere von ihrem Schlag. Oder zumindest berühmt bei manchen Leuten.

Je näher die Kriteriummeisterschaften rückten, desto größer wurde meine Angst. Ich hatte mich in einem Moment gespielter Unerschrockenheit bereden lassen, mich zu melden. Ich war erst wenige Wochen zuvor Kat-1-Fahrer geworden – die einzige Amateurklasse, die zur Teilnahme an einem Profirennen berechtigte. Im Laufe der Zeit hatte ich zwangsläufig einen gesunden Respekt vor denen bekommen, die in der Rangfolge direkt über mir standen, den starken Männern der Kat 1 in der Sektion South-East London. Bei den Meisterschaften würde ich Seite an Seite mit Männern fahren, vor denen selbst sie Respekt hatten. Mick war kein Mann, der sich vor einer Herausforderung drückte, doch selbst er hielt in diesem Fall Besonnenheit für das Wichtigste am Helden und beschloß, bei dem Rennen zuzusehen, statt teilzunehmen. Was mir nicht gerade Mut machte.

Ich war immer aufgeregt vor einem Rennen in Palace. Man wußte, daß es weh tun würde. Man wußte, daß man Schmerzen und Krämpfe in den Beinen bekommen würde. Man wußte, daß sich die eigene Kehle von dem Staub, den das Feld aufwirbelte, anfühlen würde wie versengt. Man wußte, daß man am Ende Auswurf heraufhusten würde, der einem die Lunge verklebte, weil man zu krampfhaft und zu schnell geatmet hatte, um ausspucken zu können. Und man wußte, daß jedes Rennen ein Nahkampf war und daß einem die Strecke ein paar angstvolle Sekunden bereiten würde. Der jetzige Anlaß erhöhte die Spannung noch mehr. Bei einem normalen wöchentlichen Rennen konnte ich ziemlich sicher sein, daß ich die Selektion schaffen und bis zum Ende durchhalten würde. Wenn ich mich gut fühlte, setzte ich mich manchmal sogar gegen Ende des Rennens für ein oder zwei Runden vom Feld ab. Doch bei den Britischen Meisterschaften bestand die konkrete Möglichkeit, daß ich innerhalb von wenigen Runden abgehängt wurde. Das würde die wohlverdiente Strafe für die Hybris sein, daß ich mir einbildete, ich könnte in dieser Gesellschaft überleben oder gar mit ihr wetteifern.

Ich hatte beschlossen, statt meines Vereinstrikots einen rot-schwarzen Lycra-Einteiler zu tragen, den ich einem Vereinskameraden abgekauft hatte. Ich fand es schade, meinen Verein und meinen Amateurstatus nicht gebührend hervorheben zu können, doch auf dem Rad war er wirklich von Vorteil – kein zusätzliches Gewicht, keine flatternden Ecken, keine sinnlosen Taschen und keine überflüssigen Kleidungsschichten auf der Haut an diesem warmen Augustabend. Mick war so nett, mir meine Startnummern anzuheften, wodurch er mir einige unbeholfene Verrenkungen ersparte.

Die Fahrer versammelten sich bereits an der Linie, und mir blieb nur noch Zeit für eine kurze Runde, bevor alle in Startposition gingen. Mick wünschte mir viel Glück, doch ich war bereits so sehr im Adrenalinrausch, daß ich es fast nicht hörte. Mein Herz raste. Ich hatte das Gefühl, nicht genug Luft in die Lunge zu bekommen – und wir waren noch nicht einmal gestartet. Ich zwang mich, ein paarmal tief durchzuatmen.

Das Feld war viel größer als alles, was ich bis dahin auf dem Kurs erlebt hatte, und statt der üblichen bunten Mischung von Vereinstrikots und individuellen Rädern sah man lauter gesponserte Teams mit einheitlichen Maschinen. Sie schienen einander alle zu kennen, standen mit ihrern Rädern da und plauderten, als wäre das Rennen vorbei, anstatt jeden Moment zu beginnen. Verwundert über ihre Gelassenheit, leckte ich mir den trokkenen Mund. Wie immer wünschte ich, ich könnte vor dem Start noch einen Schluck trinken und noch einmal pinkeln gehen. Dann wurde um Ruhe gebeten, und der Kommissär hielt eine kurze Ansprache. Er erklärte, welches Signal den Beginn einer Prämienrunde ankündigen würde (ein für mich völlig belangloses Detail), und wies mit Nachdruck darauf hin, daß überrundete Fahrer aus dem Rennen gezogen werden würden (ein für mich höchst belangvoller Hinweis). Dann trat er von der Bahn zurück, hob den rechten Arm und feuerte die Startpistole ab. Der peitschenhiebartige Knall war der Einsatz für den Stakkatochor von klickenden Geräuschen, mit denen die Fahrer die Pedalplatte an ihrem zweiten Fuß einrasten ließen. Das Rennen hatte begonnen.

Ich konzentrierte mich darauf, möglichst weit vorn im Feld zu bleiben, doch als ich zu der ersten Biegung kam, wo mich der Trichtereffekt fast zum Halten zwang, sprintete bereits ein Strom von Fahrern aus der Kurve heraus. Mit eher vor Aufregung als vor Anstrengung klopfendem Herzen folgte ich ihnen aus der Kurve heraus und dann zum erstenmal den Hügel hinab. Viele Fahrer, die den Kurs nicht kannten, wußten nicht, welche Linie sie nehmen mußten, so daß sie viel mehr abbremsten als nötig. Sie blockierten mich bereits, und ich war frustriert, denn ich wußte, je mehr Schwung wir beim Abfahren verloren, desto härter würden wir die Steigung hinaufsprinten müssen.

Das Tempo war schnell, doch die erwartete Explosion gleich nach dem Startschuß blieb aus. Sicher, ich war nicht einmal weit genug vorn, um zu wissen, was dort passierte, doch das Tempo schien kontrollierter und gleichmäßiger zu sein, als ich erwartet hatte: Es war schnell, aber nicht übertrieben. Als ich wieder zur Zielgeraden kam, fühlte ich mich fast wohl. Die alte Technik an der Haarnadelkurve leistete mir gute Dienste. Die Fahrer reihten sich alle in die Schlange an der Außenseite ein, um in möglichst gerader Linie um den Scheitelpunkt zu fahren, aber da sich dort so viele Fahrer stauten, mußten sie doch gleich abbremsen. Ich brauchte nur zur Innenseite durchzutreten, während alle anderen auf die Kurve zurollten, so spät wie möglich abzubremsen und mit einem Schlag fünf oder sechs Positionen aufzuholen. Es gab niemanden, der einen daran gehindert hätte, die Innenlinie zu nehmen, und die Fahrer an der Außenseite mußten einfach Platz machen.

Manche waren davon nicht gerade begeistert und brummelten: *He! Seht euch das an!* Doch es klang alles sehr gemäßigt. Ich drehte nicht einmal den Kopf, um nachzusehen, wer sich da beschwerte. Das Manöver war völlig legal. Wem es nicht paßte, der konnte es mir gleichtun und sich selber Platz schaffen. Nach einer Weile stellte ich fest, daß es so gut funktionierte, daß ich es mir leisten konnte, beim Anstieg ein paar Positionen zurückzufallen, weil ich in der Kurve wieder aufholen würde. So ging Runde um Runde dahin. Da mein höchstes Ziel darin bestand, bis zum Schluß mitzufahren, lag ich während des ganzen Rennens wohl nie weiter vorn als an fünfzehnter Stelle. Ich wußte nur zu gut, daß ein einziger Moment übertriebenen Ehrgeizes, eine Dummheit, wie etwa einen Angriff zu wagen oder sich auch nur an der Spitze zu zeigen, sofortige Sauerstoffschuld bedeuten würde, ohne jede Möglichkeit, sich zu erholen. Ich war, auch ohne daß ich für einen Moment des Pyrrhusruhms ein vorzeitiges Ausscheiden riskierte, schon nah genug an meiner Grenze.

Von dem entscheidenden Vorstoß des Rennens bekam ich zunächst gar nichts mit. Irgendwann in den letzten zehn Runden hatte sich eine Fluchtgruppe gebildet, in der genug Mannschaften vertreten waren, daß es zu einer konzertierten Reaktion des Feldes kam. Von Zeit zu Zeit hob ich den Kopf und sah auf einem noch vor uns liegenden Streckenabschnitt eine Gruppe von vier oder fünf Fahrern. Jedesmal, wenn ich hinblickte, lagen sie ein Stück weiter vorn, bis ich sie schließlich nicht mehr entdeckte. Drei Runden vor Schluß entstand dann plötzlich hinten Unruhe: Die Fluchtgruppe hatte zum Hauptfeld aufgeschlossen und arbeitete sich nach vorn durch. Das Geschrei kam von den Ausreißern, die nicht blokkiert werden wollten. Jetzt war praktisch das ganze Feld überrundet worden, und all unsere Anstrengungen zählten nicht mehr. Doch für die Fluchtgruppe war dies ein kritischer Moment: Die stärksten konnten sich schnell nach vorn durcharbeiten und hoffen, daß ihre Rivalen von der Masse der übrigen Fahrer aufgehalten werden würden. Verwirrung trat ein. Waren wir noch im Rennen? Sollten wir an den Rand fahren? Durch was arbeiteten sich diese Fahrer eigentlich durch?

Theoretisch waren wir in dem Moment alle überrundet und hätten aus dem Rennen gezogen werden sollen. In der Praxis, so kurz vor Schluß, bei so vielen Fahrern, wäre das unmöglich gewesen. Es lag einfach an uns, ob wir denjenigen Platz machten, die jetzt in einem unglaublichen Tempo durch unsere Reihen hindurchstürmten. Zwei Runden darauf setzte das geschlagene Feld zu einem planlosen, halbherzigen Galopp auf das Ziel an – eine volle Runde hinter dem Sieger: der kompakten, kraftvollen Gestalt Chris Lillywhites.

Meine Leistung – im Feld zu bleiben – kam mir schon nicht mehr so spektakulär vor. Ich hatte dafür zwar hart arbeiten und mich konzentrieren müssen, aber es hatte nicht wirklich weh getan. Als Radsportler kennt man die Grenzen seiner Leistungsfähigkeit genau. Es war einfach logisch, daß, wenn ich das Rennen durchgestanden hatte, Mick und jeder andere aus dem Dutzend von Kat-1-Fahrern, aus denen die wöchentliche Palace-Elite bestand, mindestens dasselbe hätte leisten können. Doch der Anblick Lillywhites, der seinen Platz auf dem provisorischen Podest einnahm, erinnerte mich an eine ganz andere Klasse von Fahrern: Daß jemand schnell genug hatte fahren können, um bei diesem Feld eine Runde Vorsprung herauszufahren, war etwas völlig anderes. Man konnte darüber nur ungläubig den Kopf schütteln und sich fragen, aus welchem Holz diese Männer geschnitzt waren.

Ich rollte ziemlich weit hinten ins Ziel mit von Schweiß und Staub verschmiertem Gesicht. Innerlich strahlte ich: Ich hatte es geschafft. Mick kam zu mir gerannt – die Freude in seinem Gesicht spiegelte mein eigenes Glücksgefühl. Ich rollte noch, als er mir schon auf den Rücken klopfte.

– Gut gemacht! Du hast das Rennen beendet! Das war phantastisch.

In dem Moment wünschte er sich wohl ein wenig, in meinen Schuhen zu stecken. Aber wenn dem so war, dann verstand er, es zu verbergen. Seine Aufregung bestätigte mein Gefühl, stolz sein zu können. Erst später schwante mir, wieviel Glück dabeigewesen war – daß ich das Rennen nur aufgrund des speziellen Verlaufs, den es genommen hatte, hatte beenden können. Wenn diejenigen, die es kontrollierten, der Fluchtgruppe nicht erlaubt hätten wegzuspringen, wäre das Tempo weniger gleichmäßig und sehr viel brutaler gewesen. Ich wäre bald abgehängt worden. Das taktische Spiel (bei dem ich nur Zuschauer war) und meine Kenntnis der Strecke hatten dafür gesorgt, daß ich im Rennen blieb. Auf einem anderen Kurs, an einem anderen Tag, hätte die Sache ganz anders ausgesehen.

Doch selbst so, wie die Dinge standen, würde mein Name in keinem noch so gewissenhaften Bericht eines Reporters über das diesjährige Rennen erscheinen. Die Fotografen packten wahrscheinlich schon ihre Objektive ein, als ich über den Zielstrich fuhr. Heute existiert wahrscheinlich nicht einmal mehr die Startliste, in der stand, daß ich dabei war. Doch während andere Rennen in meiner Erinnerung verblichen und zu einer schrumpfenden, undifferenzierten Masse verschwommen sind, halte ich diesen Abend, an dem ich an den Britischen Kriteriummeisterschaften teilnahm und das Rennen beendete, in Ehren. Ich war dabei, und es kam mir vor wie der größte Tag meines Lebens.

5. Etappe

Die Ehe ist eine wunderbare Erfindung –
Fahrradflickzeug allerdings auch.
Billy Connolly

– **W**ohin würdest du denn in den Flitterwochen gern fahren? fragte Ruth, wobei sie die Stummtaste drückte und mich von der Seite fixierte.

Nachdem wir uns einmal entschieden hatten zu heiraten, hatte vieles daran diesen faden, administrativen Charakter angenommen. Und es waren so viele unwichtig scheinende und doch unumgängliche Entscheidungen zu fällen. All diese verwirrenden Details kamen mir vor wie lauter Gestrüpp, durch das der Weg, den einzuschlagen wir beschlossen hatten, nicht mehr so leicht zu erkennen war. Eigentlich, dachte ich, sollte ich das Gefühl haben, an einem welterschütternden Ereignis teilzunehmen. Statt dessen fühlte es sich an, als wäre ich in einen dieser Laufställe für Kinder eingesperrt und stünde bis zu den Knien in bunten Plastikbällen – es gab mir Auftrieb, aber irgendwie hatte ich das Gefühl zu schwimmen und keinen Halt zu finden.

Wir hatten uns immer als unförmliches Paar gesehen, in dem Sinne, daß unsere Bindung etwas war, das jeden Tag aus freiem Entschluß erneuert wurde. Die Überreste dieser Haltung bewirkten, daß wir bei dem Gedanken, unsere Familie und unsere Freunde zu etwas so förmlichem wie einer Hochzeit einzuladen, ein vages Gefühl von Peinlichkeit empfanden. Wir hatte beide das Bedürfnis, eine gewisse ironische Distanz zu wahren, uns für das Ganze zu entschuldigen, indem wir es in Anführungszeichen setzten – auch wenn sich dahinter irgendwo ein ernsthaftes Motiv verbarg.

Heiraten war, so erklärte ich es mir rational, eine rituelle, öffentliche Art, unseren Wunsch zusammenzusein zu bekräftigen, der Tatsache zum Trotz, daß wir höchstwahrscheinlich keine Kinder würden bekommen können. Die Klinik hatte bei keinem von uns irgendeine Beeinträchtigung festgestellt, so daß wir jetzt nicht schlauer waren als zuvor. Doch mit jedem Monat entfernten wir uns mehr von dem unbestimmten, noch Hoffnung lassenden Etikett »verminderte Fruchtbarkeit« und näherten uns der unzweideutigen Bezeichnung »unfruchtbar«.

Die Warteliste des National Health Service für eine Invitrofertilisation rechnete damals nicht in Jahren, sondern in Jahrzehnten. Uns an eine Privatklinik zu wenden, hatten wir kaum in Erwägung gezogen. Angesichts der ziemlich niedrigen Erfolgsquote schien das Ganze mehr zu kosten, als wir dafür ausgeben konnten. Und auf irgendeiner gefühlsmäßigen Ebene hegten wir beide immer noch moralische Bedenken dagegen, Privatpatienten zu werden. Wir hatten beschlossen, es vorerst der Biologie zu überlassen. Zu heiraten war unsere Art, uns zu trösten. Oder zumindest eine annehmbare Form von Sublimierung.

Die tiefen Gefühle, auf die wir dann am Hochzeitstag stießen, überraschten uns. Unser Versuch, das Ganze möglichst unspektakulär und formlos zu halten, wozu auch ein vorgetäuschter milder Zynismus gehörte, hatte das Ereignis mit einer Art defensivem Panzer aus niedrigen Erwartungen umgeben. Diese Schale durchschlagend, brachen die kollektiven Emotionen jenes Tages unvermittelt über uns herein und rissen uns in ihrer warmen Flut mit. Das war das Allerbeste.

– Ich weiß nicht. Darüber hab ich noch nicht nachgedacht. Die Hochzeit wird doch eine Menge kosten, vielleicht sollten wir es nicht übertreiben, antwortete ich.

– Stimmt, wir heiraten ja nur, sagte sie. Aber egal, das geht diesmal auf meine Rechnung. Wie wär's mit der Karibik?

– Im Sommer? Da fahren die Leute im Winter hin. Warum nicht Spanien oder Frankreich? Ich hab's nicht so mit langen Flügen.

– Der unerschrockene Reisende.

– Ich sag dir was. Ich hätte nichts dagegen, noch mal in die Bretagne zu fahren. Da war ich mal Radfahren, erinnerst du dich? Und es ist unglaublich schön da. Wie in Cornwall, nur mit besserem Wetter und mit französischem Essen. Und frischen Fisch gibt es auch.

– In die Bretagne? In meinen Flitterwochen mache ich sicher keinen Radurlaub.

– Nein, wir könnten ja das Auto mit auf die Fähre nehmen und dort herumfahren. Aber wir könnten unsere Räder auf dem Dach mitnehmen, fügte ich hinzu.

– Ich werde meine Flitterwochen *sicher* nicht auf dem Rad verbringen und zurückbleiben, während du in der Ferne verschwindest.

– Natürlich nicht. Ich meine ja nur, damit wir ein wenig herumfahren und die Gegend erkunden können, ohne uns ständig ins Auto setzen zu müssen. Das würde dir sicher gefallen.

Schweigen.

– Hör mal, du mußt dein Rad ja nicht mitnehmen. Aber laß mich meines mitnehmen, okay? Nur damit ich ab und zu mal radfahren kann.

– Du meinst, damit du jeden Tag freinehmen und mich allein lassen kannst.

– Nein, es sind doch unsere Flitterwochen. Alles, was ich meine, ist, daß ich vielleicht hin und wieder am Spätnachmittag für ein paar Stunden radfahren gehe – wie letzten Sommer, als wir mit deinen Eltern in Dorset waren.

– Da würde ich lieber meines auch mitnehmen und ein paar leichte Touren mit dir zusammen machen, sagte sie.

– Okay, super. Kann ich mal die Fernbedienung haben?

Die Vorstellung, meine hart verdiente Höchstform zu opfern, war etwas, womit ich mich sehr schwer abfinden konnte. Es kostete mich große Überwindung, unseren Hochzeitstermin, der Anfang August lag, als das Ende meiner Wettkampfsaison zu betrachten. Unsere Vereinsmeisterschaften waren für September angesetzt, und im Idealfall hätte ich mir ein wenig von meiner Form für das Zeitfahren und das Bergrennen erhalten wollen. Ich mußte mich fast selbst am Kragen packen und mich zu dem Eingeständnis zwingen, daß diese Ziele in Wirklichkeit nebensächlich waren. Doch obwohl ich wußte, wie egoistisch der Gedanke war, hatte ich damit zu kämpfen. Als ich den hellen Leinenanzug anprobierte, den ich mir eigens für unsere Hochzeit gekauft hatte, fühlten sich meine rasierten Beine seltsam an in dem leichten und doch pappkartonartigen Stoff. Meine ganze Energie und all mein Sinnen und Trachten waren aufs Radfahren gerichtet und auf meine eigene Vervollkommnung darin. Sie jetzt auf ein völlig anderes Ziel umzulenken war, wie von einem fahrenden Zug abzuspringen. Aber das hier ist unsere Hochzeit, mußte ich mich selbst anspornen, das sind unsere Flitterwochen. Ich würde vielleicht noch jahrelang radfahren, aber das hier würde es nur einmal geben.

Ich hatte noch so viel zu lernen. Da waren nicht nur die Taktiken, die es zu studieren galt, sondern auch ein ganzes, kompliziertes Wertesystem, das der eifrige Neuling sich aneignen mußte. Der Radsport hat seine eigene feingeschliffene Etikette, von der der Außenstehende nichts merkt und nichts weiß. Das höchste Gebot ist das der Loyalität, die, wenn es die Umstände verlangen, bis zur Selbstaufopferung geht. Radfahren ist im Grunde ein ritterlicher Sport. Es erinnerte mich an eine Adaptation des *Rolandsliedes* für Kinder, die ich einst in der Schule gelesen hatte – an den selbstmörderischen Mut, mit dem Roland die heidnischen Horden zurückhält, um seinen König, Kaiser Karl den Großen, zu retten. Mir war nie bewußt gewesen, wie fest sich mir der Sinngehalt dieser Geschichte eingeprägt hatte, bis ich den Ehrenkodex der Radsportler verstehen lernte.

Die brüderliche Loyalität gegenüber Teamkollegen stand an oberster Stelle und verlangte unter Umständen Opfer oder die Leistung sklavischer Dienste. Vereinskameraden verhielten sich meist wie Teamkollegen, aber manche bildeten bei Rennen festere Kader als andere. Ein gutgedrillter Kader konnte versuchen, das Rennen zu organisieren, ein oder zwei Fahrer zu einem opportunistischen frühen Angriff aussenden und dann ihren Vorsprung verteidigen, indem er versuchte, jede Reaktion des Feldes zu sprengen. Doch unter Umständen zielte dieses Manöver nur darauf ab, das Feld zu zermürben, einige der schwächeren Fahrer auszusieben. Wenn das Feld dann die Ausreißer stellte, war sofort ein weiterer Angriff zu erwarten, und zwar von ihrem stärksten Fahrer, dem inoffiziellen Mannschaftskapitän. In gewisser Hinsicht war dies mehr eine Frage der Mannschaftsdisziplin als der freiwilligen Loyalität. Doch in jedem Rennen galt das ungeschriebene Gesetz, daß man nie irgend etwas tun sollte, was den Vorteil eines Teamkollegen, Vereinskameraden oder Freundes gefährdete.

Das taktische Paradox bestand darin, daß die Umstände eines Rennens Gegner zeitweilig zu Teamkollegen machen konnten. In dem Moment, in dem der Wagen des Kommissärs davonfuhr und das Ende des neutralisierten Bereichs anzeigte, und dann erneut in dem Moment, in dem jeder Fahrer auf den Zielstrich zusprintete, wurde das Rennen zu einem wahren Konkurrenzkrieg, in dem jeder gegen jeden kämpfte. Doch in den dazwischenliegenden vierzig, neunzig, hundertzwanzig oder mehr Kilometern konnte es zu allen möglichen Bündnissen kommen: Waffenstillstände wurden vereinbart – oft nur kraft einer unausgesprochenen Annahme –, nur um ein Stück weiter wieder gebrochen zu werden. Wenn man sich in einer Fluchtgruppe wiederfand, wurde jeder Fahrer, der bereit war, in dieser Gruppe zu arbeiten, zu einem Verbündeten. Nur wenn die Gruppe gefährdet war, entweder durch das aufholende Fahrerfeld oder aufgrund ihres eigenen Mangels an Zusammenhalt, war es erlaubt, die anderen Fahrer zu attackieren und zu versuchen, eine neue Selektion zu erzwingen, oder zu einer Soloflucht anzusetzen. In einer solchen Situation entstand dann eine seltsame Mischung aus rücksichtslosem Pragmatismus und kameradschaftlicher Solidarität. Ständig wurde aus dem Wettkampf Kooperation und umgekehrt. Ein Fahrer, der die Spielregeln ignorierte oder über sie lästerte, fuhr als Freibeuter, der von denen, die ihn als solchen erkannten, keine Gefälligkeit und kein Pardon erwarten konnte.

Bei einem langen Rennen an einem feuchten Sonntagnachmittag in Surrey verlor ich gleich zu Beginn der ersten Runde eine Trinkflasche, als mein Rad auf einer schnellen, kurvigen Abfahrt über ein Stück aufgerissenen Asphalt rumpelte. Ich warf rasch einen Blick zurück und sah, wie die Flasche auf den Grasstreifen schlitterte. Da lag sie und lockte mich jede Runde, aber anzuhalten und sie aufzusammeln war völlig ausgeschlossen. Auf dieser Abfahrt zu halten, abzusteigen, die Flasche zu holen, wieder aufzusteigen und das Tempo wieder aufzunehmen hätte mich vierhundert Meter hinter das Feld zurückgeworfen, das ich nur schwer überhaupt noch hätte einholen können. Manche hatten das Glück, einen Helfer zu haben, der ihnen an dem Hauptanstieg der Rundstrecke zusätzliche Trinkflaschen reichte. Ich dagegen wußte, daß ich ohne diese entscheidende Flasche am Ende würde zu kämpfen haben.

Nach diesem Mißgeschick hatte ich nur noch eine große Flasche und eine kleine in meiner Rückentasche: nur einen guten Liter Wasser statt zwei an einem heißen, stickigen Tag, an dem ich durch Schwitzen vielleicht drei oder vier Liter Flüssigkeit verlieren würde. Im Sommer konnte ich mir nach jedem Rennen das getrocknete Salz von den Schläfen und hinten den Ohren abkratzen. Wie eine Kuh, die an einem Salzstein leckt, lutschte ich dann an meinen Fingern, um mir ein kleines bißchen von den Mineralien, die ich ausgeschwitzt hatte, zurückzuholen. Um mich wiederherzustellen, trank ich, bis ich mich aufgequollen fühlte und mir übel war. Doch bis ich wieder pinkeln konnte, dauerte es oft Stunden, und dann war es ein durch die Dehydrierung konzentrierter, stechend dunkelgelber Strahl.

Ich war gut an jenem Tag. Trotz des starken Feldes, in dem mehrere sehr gute Amateure und Halbprofis mitfuhren, konnte ich mich sogar für eine halbe Runde von der Spitze absetzen. Ich kam zügig den Hügel hinauf und hielt den Kontakt zur Spitze, während andere Fahrer einer nach dem anderen ausgesiebt wurden. Doch in der letzten Runde japste ich wie ein Hund und sah mit halluzinatorischer Deutlichkeit kalte Getränke vor mir. Meine Beine waren ganz schwer von der Milchsäure. Ich wußte, wenn ich nicht bald etwas zu trinken bekam, um die Gifte aus meinen gequälten Muskeln zu spülen, würde ich bald von Krämpfen heimgesucht werden. Wie es das Schicksal wollte, war an jenem Tag kein Teamkollege von mir dabei, der mir hätte helfen können. Als das Tempo am Hauptanstieg zum letztenmal nachließ, wandte ich mich an Rob.

Rob Knight, der Exprofi, der meinen Verein trainierte, fuhr immer noch für ein gesponsertes Team, doch er blieb auch Mitglied des VCL, seiner Alma mater. Mich auf diese schwache Verbindung berufend, hoffte ich, ihm einen Schluck aus seiner Flasche abringen zu können. Er verzog das Gesicht, um mir zu zeigen, daß ich ziemlich dreist war, ließ mich jedoch einen kräftigen Zug aus der Trinkflasche nehmen, die man ihm gerade gereicht hatte.

Gierig sog ich an dem Sauger. Es war Coca Cola – warm, ohne Kohlensäure und widerlich süß. Cola war das Letzte, was ich mir gewünscht hätte, doch sie rann meinen ausgedörrten Schlund hinab wie John Mills das Bier in *Ice Cold in Alex*.

– He, nicht alles! Das reicht.

Widerstrebend gab ich sie zurück. Die Flüssigkeit schien den Durst nur noch mehr wecken, anstatt ihn zu löschen. Doch ich schaffte es, bis über die Kuppe im Feld zu bleiben, das von den mehr als sechzig gestarteten Fahrern inzwischen auf zwanzig zusammengeschrumpft war. Die Vorstellung, daß die Dehydrierung mich fertigmachte, war zum Verrücktwerden. Ich wußte, daß ich gute Beine hatte. Hätte ich nur genug Wasser gehabt, dann hätte ich es noch mit den anderen aufnehmen können. So konnte ich mir nicht mehr als ein gleichmäßiges Tempo leisten, um bis zum Zielstrich durchzuhalten. Bei jeder größeren Anstrengung zuckten mir die Beine, bereit, von qualvollen Krämpfen befallen zu werden.

Auf der zweiten Hälfte der Strecke, fünf oder sechs Kilometer vor dem Ziel, fingen die Attacken an, und die Fahrer setzten sich zu zweit oder zu dritt von der Spitze ab. Rob, der sich stets auf seine Schnellkraft beim Endspurt verließ, ignorierte diese Vorstöße zunächst, bis sich die Gefahr, daß er den Zug verpaßte, nicht mehr ignorieren ließ. Ich konnte nur zusehen, wie er als letzter einer Gruppe von vier Verfolgern die Straße hinunter davonstürmte.

Ich stellte bald fest, daß die verbliebenen Fahrer alle so erledigt waren wie ich selbst. Niemand kam nach vorn, um zu arbeiten, und so konnten wir nur noch zusehen, wie uns das Rennen davonfuhr. Da ich den Gedanken unerträglich fand, daß all meine bisherigen Anstrengungen in diesem Rennen umsonst sein sollten, setzte ich mich an die Spitze unserer kümmerlichen Restgruppe und trat so hart in die Pedale, wie ich mich traute. Zweihundert Meter vor uns sah ich Rob, der sich von seiner Gruppe ziehen ließ und sich ein- oder zweimal umdrehte, um nachzusehen, ob irgend jemand von hinten herankam.

Kurz vor der Zielgeraden stieg der Kurs noch einmal kurz und steil an. Als ich versuchte, aus dem Sattel zu gehen, blockierten sofort meine Beine. Ich mußte mich langsam hinaufschleppen, während der Rest an mir vorbeiflitzte. Als ich auf der anderen Seite hinunterfuhr, sah ich, daß das Feld wieder beisammen war. Von Krämpfen gelähmt, konnte ich nichts anderes tun, als in Richtung Ziel rollen und zusehen, wie das Feld eine halbe Minute vor mir die Straße entlangsprintete.

Als ich fünf Minuten darauf langsam zu den Umkleideräumen zurückradelte, um die Milchsäure wegzutreten, stieß Rob zu mir.

– Das sollte man niemals tun.

– Was?

– Einen Teamkollegen verfolgen.

– Aber du bist doch gar nicht mein Teamkollege, brachte ich kleinlaut vor.

– Du hast von mir was zu trinken bekommen ... das kommt aufs selbe raus. Man verfolgt keinen Kameraden.

– Du hast recht. Tut mir leid.

– Gut, aber nächstesmal weißt du Bescheid.

Nach der Hochzeit übernachteten Ruth und ich in einem vornehmen Hotel auf dem Land. Es sah exquisit aus, wie ein kleiner Landsitz, der in neuem Glanz erstrahlte. Wir stellten unseren alten, sonnengebleichten roten Polo auf dem Parkplatz ab. Er stach deutlich hervor unter all den Jaguars, Porsches und Aston Martins, die auf ihren fetten Reifen hockten. Der Kies, der so tief war, daß er einem Teppich glich, knirschte diskret unter unseren Füßen. Wir gingen direkt auf unser Zimmer, um zu duschen, uns auszuruhen und uns zum Abendessen umzuziehen. Ein Hoteldiener trug unsere Taschen und verschwand höflich, bevor ich darüber nachdenken konnte, wann man hier Trinkgeld gab und wieviel. Selbst die vom Hotel gestellte Seife war handgemacht und mit Kräutern parfümiert, die in dem ummauerten Garten des Anwesens wuchsen. Der ganze Luxus – der sicher nicht für uns bestimmt war – versetzte uns in eine fast hysterische Aufregung, und jedes neue Wunder ließ uns komplizenhaft kichern.

Beim Abendessen schienen genauso viele Kellner dazusein wie Gäste. Die Gläser wurden nachgefüllt, bevor der Pegel ihres Inhalts unter die Hälfte gesunken war, während komplizierte Besteckgarnituren mit verblüffender Geschwindigkeit verschwanden und wieder auftauchten. Angesichts des französischen Akzents und der übertriebenen *politesse* der Kellner kamen wir uns vor wie ein unkultiviertes Liebespaar bei einem mißratenen Rendezvous. Wir waren beide zu berauscht und zu erschöpft, um das Essen richtig würdigen zu können, das, wie alles andere, reich an allem möglichen und raffiniert war. Statt dessen kompensierten wir unser Gefühl sozialer Unterlegenheit, indem wir um die Wette rieten, wer die anderen Gäste waren. Ruth übertrumpfte schon bald meine besten Ideen.

– Das sind Zahnärzte aus Crawley, flüsterte sie mir zu, womit sie die beiden Männer in Blazern mit den zwei sorgfältigst aufgemachten Frauen an einem Tisch unweit des unseren meinte. Obwohl ich an diesem ruchlosen kleinen Spiel teilnahm, war ich schockiert über diesen umgekehrten Snobismus, bei dem ich jedoch auch einen gewissen Kitzel empfand. Ruths Ikonoklasmus erschien mir wunderbar blasphemisch und gewagt: inmitten all dieses Überflusses so schändlich *undankbar* zu sein! Nach all den Aufregungen der Hochzeit war ich auf einmal froh, diese Frau mit den Augen und dem Geist eines Tataren geheiratet zu haben.

Das Frühstück nahmen wir am nächsten Morgen lieber auf dem Zimmer ein, als uns der Herausforderung des Speisesaals zu stellen. Wir hielten uns nicht mehr lange auf, machten nur noch einen kleinen Spaziergang, der die ummauerten Gärten mit einschloß. Man sah nirgends einen Gärtner bei der Arbeit, weder auf den säuberlich aufgeteilten Parzellen mit Kartoffeln, Grünkohl und Salat oder an den Obststräuchern und Kräuterbeeten des großen runden Küchengartens noch an den wogenden Rabatten mit Lavendel, Büschen und Blumen in dem französischen Teil, so daß der Eindruck entstand, das Ganze würde sich selbst kultivieren, gleichsam aus Hochachtung vor den Gästen des Herrenhauses. Als es Zeit war loszufahren, trug ich unsere Taschen selbst hinunter, auch wenn ich mir dabei schäbig vorkam, aber ich wollte eine weitere peinliche Trinkgeldsituation vermeiden. Wir gingen zur Rezeption, um zu zahlen, bekamen jedoch gesagt, daß es nichts zu bezahlen gab – meine Eltern hatten das bereits erledigt. Als wir über die Auffahrt davonfuhren, sahen wir einander an und lachten. Jetzt, da unser Abenteuer als Eindringlinge in der Welt des Luxus vorüber war, fühlte es sich an, als wären wir noch einmal ungeschoren davongekommen – wie Kinder, die mit den Taschen voll gestohlener Äpfel davonrennen. Als wir am nächsten Tag unter lauter mittelständischen Urlaubern auf die Fähre nach St. Malo fuhren, fühlten wir uns sicher und heimisch. Allmählich kamen wir von dem verführerischen Gefühl, im Zentrum der Aufmerksamkeit zu stehen, auf den Boden der Realität zurück.

Da ich mich in der Bretagne ein bißchen auskannte, übernahm ich das Ruder. In der Praxis bedeutete das, daß ich eine Route wählte, die mehr oder weniger der entsprach, die ich einige Jahre zuvor mit Mick und ein paar Freunden bei einem unserer Radurlaube gefahren war. Aber diesmal gab es einiges, womit ich nicht gerechnet hatte. Straßen, die mir als Radfahrer reizvoll, malerisch oder aufregend erschienen waren, waren für mich als Autofahrer jetzt ganz einfach Straßen – mit anderen Worten: langweilige, unausgefüllte Zeitspannen bis zur Erreichung unseres jeweiligen Ziels. Außerdem war jetzt Hochsaison, und es war nicht so leicht, ein Zimmer zu finden. Bei unserer Radtour waren unsere Ansprüche an unsere Unterkunft minimal gewesen. Alles, worauf es ankam, war, abends ein geeignetes Restaurant zu finden, gut zu essen und viel zu trinken, bevor wir im Dunkeln nach Hause schlenderten in der Gewißheit, daß wir einschlafen würden, sobald unser Kopf ins Kissen sank. Ein Stück Weißbrot und ein Café au lait am nächsten Morgen, und schon waren wir wieder unterwegs. Aber jetzt, auf unserer Hochzeitsreise, spielten die Atmosphäre und der Charakter unserer Hotelzimmer eine große Rolle.

Bei einem Radurlaub gibt es kein schlechtes Essen. Wenn man sich an den Tisch setzt, ist man so ausgehungert, daß einem alles schmeckt. Das größte Problem bestand darin, auf der Speisekarte jedesmal etwas zu finden, das für den Vegetarier in unserer Gruppe in Frage kam. Ruth und ich dagegen stellten fest, daß sich die Küche in der französischen Provinz seit Elizabeth Davids bahnbrechendem Kochbuch aus den fünfziger Jahren sehr verändert hatte, und das nicht unbedingt zum Vorteil. Mal war es ein Muscadet, der ebenso sauer wie überteuert war, mal ein *omelette aux champignons* mit Champignons aus der Dose, dann eine Forelle, die so modrig schmeckte wie das Wasser, in dem sie (wohl vor längerer Zeit) einmal geschwommen war.

Das Problem dieser Rückkehr an Orte, an denen ich mit dem Rad gewesen war, lag darin, daß ich jetzt jede Biegung der Straße, jede anstrengende Steigung und jede lange Abfahrt mit sehnsüchtigen Augen ansah und mir wünschte, auf dem Rad zu sitzen und frei zu sein, ohne einen anderen Plan, als von Dorf zu Dorf zu fahren und zu sehen, was auch immer ich sah, mit keinem anderen Gepäck als meiner Satteltasche, einer Wasserflasche und einer Landkarte. Es schrie für mich alles förmlich nach Radfahren. Daß wir unsere Räder mitgenommen hatten auf unsere Hochzeitsreise, war in doppelter Hinsicht ein Fehler. Ruth wollte nicht wirklich besonders viel radfahren, während mir das bißchen, das wir fuhren, nie genug war. Ich wünschte mir schließlich, wir wären doch in die Karibik gefahren und lägen an einem strahlend weißen Sandstrand am Rand eines topasfarbenen Meers.

Kaum etwas ist für einen Radfahrer so entmutigend wie eine Reifenpanne. Dieser plötzliche Entzug der Privilegien, die ihm der Ritt auf dem fliegenden Teppich des Luftreifens verleiht, läßt seine Stimmung ebensosehr absacken wie den Luftdruck im Schlauch.

Ein platter Reifen konnte ganz plötzlich auftreten mit einem unmißverständlichen Schlag oder sich klammheimlich einstellen. Dann machte er sich als erstes durch ein entnervendes komisches Gefühl bemerkbar, einen teilweisen Verlust der Griffigkeit, weil der Reifen sich unter Belastung verformte und in der Kurve über die Straße schmierte. Doch am häufigsten war eine Reifenpanne durch einen heftigen Aufprall. Ein harter Schlag, verursacht durch ein Loch im Straßenbelag oder einen großen Stein, drückte Reifen und Schlauch gegen die beiden Felgenhörner, so daß im Schlauch zwei kleine Schlitze entstanden. *Snakebites* nannten wir sie.

Solche Reifenpannen waren stets von der unvermittelten, katastrophalen Art. Plötzlich, bevor man Zeit hatte, nach den Bremshebeln zu greifen oder auszuweichen, spürte man den Asphalt direkt durch die steife Aluminiumlegierung der Felgen hindurch. Alles, was man noch tun konnte, war, die Hand zu heben, um den anderen Fahrern zu signalisieren, daß man nur noch ein Hindernis war, das sie umfahren mußten. Es war, als höbe man die Hand, um sich schuldig zu bekennen. Auf den Felgen zu fahren ruft bei Radfahrern eine ähnliche körperliche Empfindung hervor wie ein quietschender Kreidestrich auf einer Tafel. Doch das Zischen der entweichenden Luft war außerdem noch das Geräusch verlorener Illusionen und die unversöhnliche Härte der Straße unter dem platten Reifen ein klarer Hinweis auf eine neue, harte Realität. Jeder Radfahrer, jeder, der ein Rad lange genug gefahren hat, um einmal einen Plattfuß gehabt zu haben, kennt dieses Gefühl.

Daß man sich einen Glasplitter einfing oder einen scherbenförmigen Stein, war reiner Zufall. Es konnte jedem passieren, jederzeit. Man konnte monatelang ohne Probleme fahren und dann an einem einzigen Tag drei Reifenpannen haben. Auf nassen Straßen rechnete man manchmal fast damit und hielt in seiner Rückentasche einen extra Schlauch bereit. Regen konnte Steinchen auf die Straße spülen, aber anscheinend sammelten nasse Reifen auch leichter Fremdkörper auf. Am Hinterrad bekam man öfter einen Plattfuß als vorn – die stärkere Belastung durch das Gewicht des Fahrers schien dazu beizutragen, daß sich eine Glasscherbe oder eine kleine Pfeilspitze aus Feuerstein leichter in den Reifen bohren konnte.

Einige der Veteranen, die noch in den Zeiten gefahren waren, als alle Rennräder Schlauchreifen hatten – schlauchförmige Reifen aus Leinwand und Gummi mit eingenähtem Innenschlauch, die auf die Felge aufgeklebt wurden –, hatten zwischen den Sattelstreben in der Hinterradbremse eine mit einer Feder versehene Klammer. Diese preßte eine Auflage leicht auf die Oberfläche des hinteren Reifens, während er sich drehte, um Fremdkörper gleich bei der ersten Umdrehung abzubürsten, bevor sie bei der nächsten tiefer hineingedrückt wurden. Die Entwicklung schneller und leichter konventioneller Reifen machte solche Maßnahmen obsolet, denn einen Schlauch zu wechseln war nicht entfernt so mühsam wie einen dieser Schlauchreifen zu reparieren. Auf der Bahn, wo Reifenpannen keine Rolle spielten und geringes Gewicht und Schnelligkeit hoch im Kurs standen, waren Schlauchreifen noch Standard. Verglichen mit gewöhnlichen Straßenreifen schienen Schlauchreifen für die Bahn aus Spinnweben gemacht zu sein – für etwas so Einfaches und Zweckmäßiges wirkten sie fast feminin und hübsch. Die hochwertigsten hatten Wände aus Seide. Einige Puristen zogen Schlauchreifen auch auf der Straße vor, doch die meisten von uns hatten nicht die Zeit, sie zu nähen und wieder aufzukleben. Man erzählte sich, es seien schon Fahrer bei langen, alpinen Abfahrten gestürzt, weil ihre Felgen durch das ständige scharfe Bremsen so heiß geworden seien, daß der Kitt geschmolzen sei und der Schlauchreifen sich einfach davongemacht habe.

Auch wenn man Schlauchreifen ausschloß, war die Wahl der Reifen eine prekäre Angelegenheit. Als ich anfing, an Wettkämpfen teilzunehmen, nicht an Straßenrennen, sondern an Zeitfahren, dachte ich, je schmaler der Reifen, desto schneller würde ich sein. Theoretisch gesehen traf das auch zu: Ein schmaler, glatter Reifen hat einen geringeren »Rollwiderstand« als ein breiterer mit Profil. Ich wählte den schnellsten Reifen, den ich finden konnte: Mit einer Breite von achtzehn Millimetern war er schmaler als die Laufräder selbst. Gegen Ende meines ersten Zeitfahrens, bei dem wir an einem rauhen, stürmischen Samstagmorgen im Januar auf einem trostlosen Abschnitt der A20 am östlichen Ende der North Downs hin- und zurückfuhren, blickte ich von dem vor mir liegenden Stück Fahrbahn auf, um den letzten Anstieg in Augenschein zu nehmen. In dem Moment rumpelte ich mit einem scheußlichen doppelten Schlag über einen abgesenkten Kanaldeckel und holte mir sowohl vorn als auch hinten einen Platten. Mein Fahrrad schiebend und die Pedalplatten an meinen Schuhen ruinierend, humpelte ich den knappen Kilometer zu den Umkleideräumen zurück. Am Montag ging ich los und kaufte mir zwei Dreiundzwanziger und zwei neue Pedalplatten.

Was oberflächlich betrachtet wie Pech aussah, war oft ein Mangel an Erfahrung. Bei Straßenrennen lernte man, nach Möglichkeit nicht am Rand zu fahren. Dort lief man eher Gefahr, »eingeklemmt« zu werden und nicht mehr auf die Vorstöße anderer Fahrer reagieren zu können, und hatte keine Ausweichmöglichkeit, wenn es zu solchen Vorfällen wie einem Sturz kam, aber man fing sich auch eher einen Platten ein. Am Rand war der Straßenbelag häufiger defekt und die Wahrscheinlichkeit größer, daß man bei all dem Staub und den Steinchen irgend etwas Spitzes aufsammelte. Ich lernte sogar, die Reifen je nach den Bedingungen zu wechseln: War schlechtes Wetter angesagt, fuhr ich Michelins, die wegen des weicheren Materials griffiger waren. Bei gutem Wetter fuhr ich Continentals, extrem widerstandsfähige und pannensichere Reifen.

Wenn kurz vor einem Rennen überraschend Regenwolken aufzogen, sah man die gewitzteren Fahrer an den Ventilen ihrer Schläuche herumfummeln, einen kurzen, pfeifenden Luftstoß hinauslassen und dann mit Zeigefinger und Daumen den Reifendruck prüfen. Sie wollten sich ein bißchen mehr Spielraum verschaffen, indem sie mit weniger stark aufgepumpten Reifen fuhren als sonst: Wenn man ein bißchen Luft herausließ, wurde die Aufstandsfläche auf der Straße ein wenig größer. Das war ein Kompromiß, bei dem man ganz nach dem Gefühl ging. Denn man wollte auch nicht mit zu weichen Reifen fahren: Waren sie zu weich, würde der Rollwiderstand größer sein. Waren sie zu hart, opferte man jenes entscheidende Mehr an Griffigkeit.

Nur auf nasser Fahrbahn fiel einem die Absurdität der Dynamik des Fahrrades auf: die Tatsache, daß fünfundsiebzig Kilo Fahrer und zehn Kilo Rad, nur von dünnen Luftreifen getragen, auch in Kurven aufrecht blieben – Reifen, deren Kontakt mit der Straße sich auf eine Fläche von der Größe zweier Daumenabdrücke beschränken konnte. Auf einmal schien das ein aussichtsloses Unternehmen zu sein – unwahrscheinlich, unmöglich, eher eine Frage des Glaubens und der Zauberei als von wissenschaftlich verifizierbaren Gesetzen der Bewegung: Ein Radfahrer im Regen wird von einer Art existentiellen Zweifeln befallen.

Vor allem bei Abfahrten suchte man mit den Augen die vor einem liegende Fahrbahn ab und hielt Ausschau nach den länglichen, weichen Teerstreifen, mit denen zwei Asphaltstreifen verbunden werden. Bei Nässe wurden diese Streifen so heimtückisch glatt wie schwarzes Eis. Man mußte auf sie nicht nur um seiner selbst willen achten, sondern auch wegen der anderen. Ein Fahrer, der leichtsinniger oder unachtsamer war als man selbst, konnte genau den Fehler begehen, den man zu vermeiden suchte. Wenn er vor einem stürzte, raste man womöglich in den Dahinschlitternden und fiel selbst vom Rad. Scharf zu bremsen reichte dafür manchmal schon aus. Nicht zu bremsen widerspricht zwar jeder Intuition, aber die besten Fahrer lassen die Finger von den Bremshebeln und nutzen ihre Reflexe und ihre Erfahrung, um durch einen fuchtelnden Trümmerhaufen aus gestürzten Fahrern und Rädern hindurchzukommen.

Mit Tempo auf den Asphalt aufzuschlagen tat weh. Der Körperteil, mit dem man zuerst aufkam – sei es die Schulter, die Hüfte oder der Hintern –, fühlte sich an, als wäre er mit einer Eisenstange malträtiert worden. Als ich anfing, Rennen zu fahren, waren Helme gerade erst Pflicht geworden. Zuvor bestand immer die Gefahr einer Gehirnerschütterung: Manche Fahrer trugen gepolsterte Kappen, sogenannte Sturzringe, die jedoch bei einem schweren Unfall wenig Schutz boten. Die gängigste Verletzung waren Schürfwunden, das »Tapetelassen«, aber auch gebrochene Handgelenke und Schlüsselbeine waren eine allgegenwärtige Gefahr.

Wenn man bei Nässe stürzte, hatte man den schwachen Trost, daß der Körper meist wie das Rad, über die Straßenoberfläche rutschte. Man verlor zwar trotzdem ein wenig Haut, aber die Abschürfungen unter dem Polyestertrikot oder der Lycrahose glichen eher Verbrennungen, im Vergleich zu dem Käsereibe-Effekt einer trockenen, staubigen Asphaltdecke. Obwohl die Kälte, die mit Regen einherging, meinem Stoffwechsel guttat, graute mir immer davor, bei Nässe Rennen zu fahren. Das mulmige, hohle-volle Gefühl, das man vor einem Rennen im Bauch bekam und das einem langsam den Hals hinaufstieg, wurde doppelt so schlimm, wenn man wußte, daß es regnen würde. Für ein Rennen bei Nässe nahm man all seinen Mut zusammen.

Es gab nichts, was man hätte tun können, um Stürze ganz zu vermeiden, doch mit der Zeit setzte man sein ganzes Wissen dafür ein. Manchmal ging alles so schnell, daß man sich hinterher kaum mehr zusammenreimen konnte, wie man gefallen war und warum. Die Frage, wer schuld oder verantwortlich war, schien rein akademisch zu sein. Die unausgesprochene Einstellung aller Rennfahrer war: Wenn man stürzte, so bedeutete das, daß man zur falschen Zeit am falschen Ort gewesen war. Mitgefühl für gestürzte Fahrer war rar.

Durch den Schock war man im Nu wieder auf den Beinen und kämpfte fluchend und halb hüpfend, halb humpelnd gegen die Schmerzen an. Kaum hatte man die Schmerzen besiegt, dachte man als erstes daran, wieder aufzusteigen und weiterzufahren, um nicht den Kontakt zum Ende des Feldes zu verlieren. Eine hektische Inspektion des Rades folgte: die Laufräder drehen, um zu sehen, ob sie verzogen waren; die Ausrichtung von Lenker und Bremshebeln prüfen; sich vergewissern, ob die Kette richtig saß, das Schaltwerk noch intakt war ... und dann los. Doch nur allzuoft war etwas verbogen oder gebrochen und das Rennen damit für einen selbst beendet.

Es kam mir immer so ungerecht vor. Am liebsten hätte ich mein Rad gepackt und es in die Hecke geworfen. Das taten die Profis manchmal bei der Tour, wenn es zu einem *chute* gekommen war (typisch französisch, dieses Wort, das einen häßlichen Unfall wie einen eleganten Teil einer Choreographie klingen läßt). Manchmal rappelte ein in einen *chute* verwickelter Fahrer sich auf und mußte, während er darauf brannte weiterzufahren, feststellen, daß ein Laufrad verzogen oder die Gabeln verbogen waren. Voller Abscheu schleuderte er dann das Rad von sich. Ich konnte diesen Zorn nachempfinden, auch wenn es mich schauderte zu sehen, wie er das Rad behandelte. Ein Profi wußte, daß jeden Moment sein Teamwagen kommen und ein emsiger Mechaniker schnell eine neue Maschine vom Dach holen, sie dem ungeduldig wartenden Fahrer reichen und ihn dann im Laufen mit einer Hand hinten am Sattel anschieben würde, um ihm Schwung zu geben.

So war es bei der Tour. Uns armen Sterblichen und Amateuren dagegen blieb nichts anderes übrig, als zu warten, bis ein Wagen kam und uns mit zurück nahm zu den Umkleideräumen, während unsere sich abkühlenden Körper langsam steif wurden von dem Sturz. Und dann kam zu dem Ärger über den Unfall noch die bittere Aussicht auf teure Reparaturen hinzu, für die man eigentlich kein Geld hatte.

Glück, so stellte ich fest, ist wie so vieles im Radsport ein relativer Begriff. Bis zu einem hohen Grad war man seines eigenen Glückes Schmied. Doch bei aller Vorsicht und Achtsamkeit würde es immer den unvorhergesehenen Gegenstand geben, der im allerletzten Moment nur einen Meter entfernt zwischen den Laufrädern vor dir auftauchte – den Stein oder das klaffende Schlagloch oder das auf der Fahrbahn liegende Rad, die auf dich warteten.

– *Au!* Scheiße, paß doch auf! Du tust mir weh.

– Entschuldige, aber ich mach es schon so vorsichtig ich kann.

– Das macht dir Spaß, nicht wahr? sagte Ruth und funkelte mich über die Schulter hinweg an. Du perverser Schmerz-Junkie!

– Natürlich nicht.

Es machte mir keinen Spaß. Beim Anblick von Spritzen wurde mir genauso flau wie anderen Menschen auch. Ich war es keineswegs gewohnt, sie zu benutzen, und an der ganzen Sache gab es nichts, was mir gefiel – am allerwenigsten, Ruth die Schmerzen einer tiefen, intramuskulären Injektion zuzufügen. Zugleich fiel es mir jedoch schwer, eine völlig ernste Miene dabei zu bewahren. Vielleicht waren es meine Verlegenheit und mein Unbehagen, die in mir das Bedürfnis weckten, darüber zu lachen, doch die Situation hatte wirklich etwas Absurdes. Ruth lag bäuchlings auf dem Bett. Sie hatte die Unterhose und die Strümpfe bis zu den Knien heruntergezogen und bot der Spritze in meiner Hand widerstrebend die weißen, runden Polster ihres Hinterns dar. Die Stelle, an der die Nadel, die ich gerade herausgezogen hatte, eingedrungen war, war jetzt ein klein wenig rot. Ich rieb sie rasch mit einem alkoholgetränkten Wattebausch ab.

– So, das war's. Du mußt nur stillhalten, das ist alles. Es tut nur weh, wenn du zusammenzuckst, sagte ich. Doch in Wahrheit durchzuckte mich in dem Moment eine Ahnung von der Macht, die Ärzte haben.

– Du würdest das bestimmt nicht so komisch finden, wenn ich es wäre, die dir eine Spritze in den Arsch jagt und dich mit Hormonen vollpumpt. Für dich ist das nur ein Spiel.

– Sieh mich an, lach ich etwa? protestierte ich, mußte jedoch ein Lächeln unterdrücken. Du hast recht: Ich könnte es nicht ausstehen, wenn so mit meinem Körper herumgepfuscht würde. Aber das ist nun mal der Preis fürs Schwangerwerden. Und wenn du wirklich schwanger wirst, dann ist dein Körper sowieso nur noch ein Chaos von wild gewordenen Hormonen.

– Na, toll. Ich kann's kaum erwarten, seufzte Ruth, zog ihre Strumpfhose hoch und strich den schwarzen Minirock, ihren Lieblingsrock, glatt.

Manchmal konnte man bei einem Rennen eine Stunde oder noch länger fahren und sich immer noch stark fühlen. Aber wenn man nicht genug gegessen und getrunken hatte, stieß man irgendwann gegen eine Mauer: Man bekam einen »Hungerast«. Das bedeutete, man litt unter akuter Dehydrierung und einem plötzlichen Absinken des Blutzuckerspiegels. Wenn es schlimm war, fühlte man sich schwach, so, als hätte man auf einmal jede Kraft verloren. Das Herz flatterte und pochte. Kalter Schweiß brach einem aus. Manchmal war man auch benommen oder verwirrt, benebelt wie ein Taucher in einer Stickstoffnarkose. Im schlimmsten Fall wurde einem schwarz vor Augen, oder es war, als blicke man in einen Tunnel. Dann fühlte es sich an wie eine Vorahnung des Todes. Wenn man bei einem Rennen in diesen Zustand geriet, dann war es zu spät: Bis der Körper fähig gewesen wäre, die Nahrung und die Flüssigkeit zu verwerten, die man hastig zu sich nahm, um sich wiederherzustellen, wäre das Feld bereits in weiter Ferne gewesen. Es war ganz einfach: Der Körper ist ein Verbrennungsmotor, und Motoren brauchen Kraftstoff. Einen Hungerast zu bekommen war dasselbe, wie wenn einem das Benzin ausgeht.

Wenig und oft, wenig und oft – so lautete die Regel. Ruhige Phasen im Rennen zu nutzen, um eine Banane aus der Lendentasche zu ziehen. Radfahrtrikots sehen aus, als trüge man sie verkehrt herum, denn die Taschen sitzen beim Fahren an den Nieren. Bananen sind am leichtesten zu kauen und hinunterzubekommen, wenn man schwer und durch den Mund atmet. In Müsliriegeln ist zwar das Richtige drin, aber sie haben die falsche Konsistenz. Sie werden zu einem pappigen Kloß, an dem man fast erstickt und der einem an der Wange klebt wie ein Klumpen Kautabak. Eine feine Sache auf Vereinsfahrten, aber zu schwer zu essen bei einem Rennen.

Bananen waren nicht nur leicht hinunterzuschlucken, sondern lagen auch nicht schwer im Magen. Bei einem Rennen fuhr man manchmal so sehr am Anschlag, daß man das Gefühl hatte, jedes letzte bißchen Leistung aus seinem Bauch herauszupressen. Die Anforderungen, die man an seinen Körper stellte, konnten, indem sie das Blut von jedem anderen Körperteil als den Tempo machenden Beinen abzogen, sogar die Verdauung durcheinanderbringen und zu Erbrechen oder Durchfall führen.

Kohlenhydratgetränke kamen gerade erst auf den Markt. Anfangs noch nicht aromatisiert und nach Stärke, ein wenig zuckrig und ein bißchen nach Malz schmeckend, waren sie nicht gerade appetitanregend, aber effektiv. Ich lernte, dem Gemisch in der Flasche eine Prise Salz beizugeben oder, besser noch, es mit einem Elektrolytgetränk wie Gatorade zu mixen. Der Magen nimmt isotonische Flüssigkeiten besser auf als reines Wasser. Der Verlust von Mineralsalzen führt zu Krämpfen. Auch hierfür waren Bananen gut, denn sie enthalten Kalium. Boxer trinken aus demselben Grund Grapefruitsaft. Manche Fahrer schienen keine Probleme mit Krämpfen zu haben. Für mich konnte damit das Rennen zu Ende sein. Waden, Quadrizepse, sogar Oberschenkel konnten bei mir durch Milchsäure und Mineralmangel völlig unbeweglich werden.

Selbst wenn ich das Rennen ohne Schwierigkeiten überstanden hatte, bekam ich manchmal noch Stunden danach Krämpfe. Ich wachte nach einem Rennen mitten in der Nacht auf, weil ich unwillkürlich mit dem Bein in die Luft trat, um zu verhindern, daß mein Quadrizeps sich zusammenzog. Je größer der Muskel, desto größer der Schmerz. Oder ich lag, mich ausruhend, in Shorts auf dem Sofa und sah fasziniert zu, während winzige Krämpfe wie Nachbeben über die glattrasierte Oberfläche meiner Waden liefen.

Ich kannte niemanden, der irgendwelche Drogen nahm. Vielleicht nahmen manche Fahrer die Kreatinpräparate, die man in Bioläden bekam, aber wenn, dann redeten sie nicht darüber. Nur ein talentierter junger Rennfahrer, den ich kannte, kehrte aus Frankreich, wo er es bei einem Top-Amateurverein versucht hatte (der traditionelle Weg zu einer Profilaufbahn auf dem Kontinent), mit Geschichten zurück, die von der Allgegenwart des Dopings erzählten. *Sie sind alle fest dabei,* sagte er, um seine Träume gebracht. Selbst die Amateure? *Jeder einzelne von ihnen. Alle tun es, und wenn sie weiterkommen wollen, bleibt ihnen auch nichts anderes übrig.* Und wenn das bereits für die Amateure galt, dann konnte man sich denken, wie es in der Profiszene aussah. Es reicht wohl zu sagen, daß die Reihe von Skandalen ab der Tour von 1998 niemanden, der sich im Radsport auskannte, sonderlich überraschte: Die Gerüchte darüber, wer was nahm, kursierten schon seit mehreren Saisons.

Der Grund, warum das Ganze allzulange nicht publik wurde, war eine Art Verschwörung, bei der jede Seite den Kopf in den Sand steckte – die Vereinsvorstände, die Veranstalter der Rennen, die Sponsoren, die Presse, die Mannschaftsleiter, sogar die Fahrer selbst –, während die Ärzte mit ihrer dreckigen Arbeit fortfuhren und die Fahrer vollpumpten mit Designersteroiden, EPO, menschlichen Wachstumshormonen und wer weiß was sonst noch. Die Journalisten wollten nicht an diesem Ast sägen, weil sie wußten, sie würden ihre Einnahmequelle verlieren, wenn sie nie wieder einen Interviewtermin mit den Stars des Radsports bekommen würden. Doch beunruhigender war die Haltung der Fahrer: Mit nur sehr wenigen Ausnahmen standen sie geschlossen da und logen. Sie verschwendeten anscheinend keinen Gedanken an die Langzeitfolgen für ihre Gesundheit und hatten offenbar keinen Sinn für das Ideal einer drogenfreien Lauterkeit im Radsport. Selbst wenn sie ertappt wurden, waren sie mehr als schamlos – sie schienen empört zu sein, daß jemand es wagen konnte, ihnen nahezulegen, auf betrügerische Mittel zu verzichten. Sie wollten einfach den pharmazeutischen Schuß, den sie gewohnt waren und ohne den, wie sie wußten, ihre Leistungen zurückgehen würden. So hat Jacques Anquetil, fünfmaliger Sieger und der kühle Aristokrat der Tour, anläßlich einer früheren Episode der zyklisch wiederkehrenden Dopingskandale die berühmte Frage gestellt, ob denn irgend jemand im Ernst von ihnen erwarte, sie würden die Tour »nur mit Mineralwasser« fahren.

Ich habe Paul Kimmages 1990 erschienenes Buch *A Rough Ride* gelesen, während ich noch Rennen fuhr. Sosehr mich sein desillusionierendes Porträt des Berufsradsports zu Anfang der achtziger Jahre schockierte, wirkte das von ihm und anderen Beobachtern gezeichnete Bild von Fahrern, die in ihren Rückentaschen nach einer Spritze suchten oder nach einer in Alufolie gewickelten Dosis Speed, damals doch schon beinahe pittoresk. Wenn man nicht aufpaßte, ertappte man sich fast dabei, daß man sich nach den guten schlechten alten Zeiten sehnte – zumindest gegenüber dem medizinisch sanktionierten, industrialisierten Dopingsystem, das sich der Profiszene in den neunziger Jahren bemächtigt hatte.

Auch wenn wir jetzt schon bei der Vorbereitung zur Invitrofertilisation angelangt waren, hatte die Vorstellung einer Schwangerschaft doch immer noch etwas Theoretisches. Zuerst war uns gesagt worden, wir könnten uns in eine IVF-Warteliste des National Health Service eintragen, die lang genug war, um zu gewährleisten, daß unseren (nicht existierenden) Kindern eventuell würde geholfen werden, unsere Enkelkinder zu bekommen. Dann hatte das Krankenhaus eine größere Geldsumme zur Förderung seines Fertilisationsprogramms erhalten, und von einem Tag auf den anderen gab es keine Warteliste mehr.

Keiner von uns beiden kam auf die Idee, sich das Ganze noch einmal durch den Kopf gehen zu lassen. Nachdem wir einmal so weit gekommen waren, schien der Schwung unserer Wünsche uns mit schicksalhafter Gewalt mitzureißen. Wenn man uns eine Invitrofertilisation umsonst anbot, dann würden wir es natürlich damit versuchen. Wenn uns dabei nicht ganz wohl war, so nahmen wir Zuflucht zu unserem gemeinsamen Skeptizismus. Die Statistiken der Abteilung für künstliche Befruchtung gaben uns keine bessere Chance als sieben zu eins. Die Tatsache, daß man wahrscheinlich enttäuscht werden würde, ermutigte einen nicht gerade dazu, über die Folgen einer erfolgreichen Behandlung nachzudenken.

Behandlung. Das Verfahren, bei dem ich Ruth zwei Wochen lang täglich eine Spritze geben mußte, hatte einen Do-it-yourself-Charakter, der mich glauben ließ, es könne unmöglich funktionieren. Davor hatte Ruth ein Nasenspray nehmen müssen.

– Hast du heute schon geschnupft? fragte ich sie. Ich sollte sie daran erinnern, aber ich konnte nicht anders, als einen Scherz daraus zu machen.

Es kam mir unwirklich vor, dieses erwachsene Onkel-Doktor-Spiel. Es hatte tatsächlich etwas von einem lahmen Witz, glich einer unbeholfenen Parodie auf eine entspannende Art von Drogenkonsum – ein letztes Saufgelage vor all der Verantwortung, die eine Schwangerschaft und Kinder mit sich bringen. Das Nasenspray diente dazu, Ruths eigene Hormone auszuschalten. Dann würden die Injektionen die endokrinologische Kontrolle übernehmen und für eine reiche Eierernte in den Follikeln ihrer Eierstöcke sorgen. Reife ist alles bei der Invitrofertilisation.

Ruth murrte über die Spritzen. Ich konnte es ihr nach empfinden, denn wer bekommt schon gern Spritzen? Auch wenn es hauptsächlich aus Kostengründen geschah, hatte sich zweifellos jemand vom Krankenhaus überlegt, daß es psychologisch sinnvoll wäre, den Partner der zu behandelnden Frau in das Verfahren mit einzubeziehen. Daß seine Rolle ein klein wenig sadistisch wirkte, mit einem verhängnisvollen symbolischen Beiklang, schien ihnen dabei entgangen zu sein.

Ich konnte Ruths Widerwillen dagegen, daß mit ihrem Körper herumgepfuscht wurde, gut verstehen. Insgeheim war ich dankbar, daß nicht ich es war. Durch den Radsport hatte ich einen gesteigerten Sinn für eine physische Reinheit bekommen. Ich hatte das Gefühl, zu einer Elite zu gehören. Ich war fitter als je zuvor in meinem Leben, fitter als irgend jemand, den ich kannte, von ein paar Rennfahrerkollegen abgesehen. Zu der Behandlung, der sich Ruth unterzog, gehörten chirurgische Eingriffe und starke, die Hormonproduktion regulierende Medikamente, die ich als Verstoß gegen diese Reinheit empfunden hätte. Das klassische Ideal menschlicher Perfektionierbarkeit, das Leni Riefenstahl in *Olympia*, ihrem Lobgesang auf den Ehrgeiz des Sportlers, gefeiert hatte, besaß auch für mich eine greifbare Realität.

Ich habe einmal mit einem alten Kanalschwimmer gesprochen, der mir erzählte, er habe vor allem lernen müssen, die Erschöpfung, Kälte, Übelkeit und die blanken Schmerzen in all den Stunden auf offener See zu überwinden und weiterzuschwimmen. Ich war nur einmal drei Kilometer im Meer geschwommen. Das Wasser war völlig ruhig und hatte einundzwanzig Grad. Ich war eine Stunde lang geschwommen: Es war anstrengend, wenn auch nicht schlimm, aber ich wußte, daß es der Grenze meiner Kräfte ziemlich nahe kam. Wie jemand im offenen Meer schwimmen konnte, bei Seegang, gegen die Gezeiten, und sechzehn Stunden oder mehr in fünfzehn bis siebzehn Grad kaltem Wasser zubringen konnte, um die dreißig Kilometer der Straße von Dover zu überwinden, lag außerhalb meiner Vorstellungskraft.

Scheitern könne man nur mit dem Geist, behauptete der Kanalschwimmer, denn es gebe nichts, was der Körper nicht tue, solange der Wille da sei, der ihn antreibe. *Der Körper ist eine schöne Maschine*, sagte er und blickte in die dunstige Ferne. Er klang wie ein stolzer Mechaniker, der einen alten Bugatti oder Bentley bewundert. Doch ich wußte genau, was er meinte. Der Radsport hatte mich gelehrt, meinen Körper als eine Maschine anzusehen.

In allen sportlichen Disziplinen sind eine gewisse Selbstachtung und eine Fokussierung vonnöten, die alles andere ausschließen. Das beginnt mit einer praktischen Konzentration auf den Körper, darauf, wie er funktioniert und was er einem von Moment zu Moment sagt. Doch mit der Zeit nimmt es eine unabhängige ästhetische Dimension an. Der Körper ist eine schöne Maschine, aber wie alle Maschinen muß er gewartet und in Gang gehalten werden. Der Narzißmus der Sportler ergibt sich daraus, daß sie Ingenieure ihrer selbst werden müssen. Für den Radsportler sind seine seidig glatten, geölten, glänzenden Beine ein ebenso integraler Bestandteil seiner Vorstellung von Geschwindigkeit und Leistung wie die blank polierten Chrom- und Aluminiumteile an seinem Rad.

Wenn man nicht zu einem Team mit finanzstarken Sponsoren gehörte, mußte man als Radsportler sein eigener *soigneur*, sein eigener Betreuer sein. So reinigte ich nach einem Rennen etwa meine dreckverschmierten Beine mit einem alkoholhaltigen, antiseptischen Spray, gab ein wenig Öl auf die rasierten Oberflächen und massierte behutsam die Gifte aus meinen Muskeln. Selbst unter Amateuren war dieses ausgefeilte Ritual der Zärtlichkeit für den eigenen Körper gang und gäbe. Der athletische Körper ist etwas, was der Sportler selbst erschafft, was er unter Opfern und Schmerzen, mit Liebe und Sorgfalt aus sich selbst hervorbringt. Sein Körper ist sozusagen sein Kind.

Wir warteten im Krankenhaus. Wieder einmal saßen wir vor dem Anschlagbrett voller Schnappschüsse von Babys und Kleinkindern, die dankbare Eltern geschickt hatten. Das Selbstgefällige daran brachte mich auch diesmal wieder auf – die glatte Selbstsicherheit derer, die ihr kleines Bündel für ein Wunder hielten, das sie irgendwie verdient hatten, statt für das, was es wirklich war: ein Gewinnlos in einer biologischen Lotterie. Aber vor allem langweilte ich mich hier auf diesem Gang, auf dem wir einen wachsenden Teil unserer Zeit zu verbringen schienen. Ich dachte statt dessen an das Rennen am kommenden Wochenende, sah die Strecke im Geiste vor mir, malte mir aus, wie ich ausriß und dem Feld davonfuhr.

– Was machst du, wenn wir schwanger werden? unterbrach Ruth meinen Tagtraum.

– Wie meinst du das?

– Ich meine, hast du vor, dein Leben zu ändern? erläuterte sie mir langsam und ruhig, als wäre ich ein wenig begriffsstutzig. Was ich in gewisser Hinsicht auch war, denn bei der ganzen Prozedur der künstlichen Befruchtung schien die Vorstellung, Vater zu werden, in weitere Ferne zu rücken denn je, und das Ganze schien kaum Konsequenzen zu haben, über die es sich lohnte nachzudenken.

– Wirst du dann mit dem Radfahren aufhören?

Sie strich mir mit der linken Hand über den Schenkel, dort, wo mein Bein aus den Shorts hervorsah. Sie bewegte die Hand von unten nach oben, gegen den Strich der Haarstoppeln, und zog sie dann plötzlich zurück, als hätte sie in Nesseln gefaßt.

– Ja, wahrscheinlich ... wenn es soweit ist, antwortete ich unsicher. Ich meine, ich müßte doch nicht gleich damit aufhören, oder? Es wäre doch absurd, wenn ich nicht mehr Rad fahre, nur weil du schwanger bist. Ein paar Wochen vor dem Termin würde ich aufhören. Das wäre doch okay, oder?

Ruth schwieg für einen Moment.

– Und nach der Geburt würdest du aufhören?

– Ja, klar. Ich meine, ich habe *schon* gehofft, ich könnte am Wochenende ab und zu mal rausfahren, sagte ich, als mir schließlich klar wurde, daß sie mich nicht nur neckte, sondern irgendeine Bestätigung von mir haben wollte. Aber offensichtlich könnte ich keine Rennen mehr fahren.

– Ich habe einfach nicht das Gefühl, daß du darüber nachgedacht hast, was das für eine Entscheidung ist, sagte Ruth.

Das Wort Entscheidung versetzte mir einen Stich. Warum zog sie das jetzt in Zweifel? *Ich bin doch hier, oder nicht?* hätte ich am liebsten gesagt. Doch die Vaterschaft erschien mir als Ziel so fern wie ein sorgenfreier Lebensabend. Und wie die Rente war sie etwas, das ich guthieß, aber nur, weil sie, abstrakt gesehen, eine gute Idee zu sein schien. Das Ganze hatte für mich keine akute Realität.

Dann wurde mit schlagartig klar, daß es für Ruth plötzlich sehr real war. Sie war nur Minuten davon entfernt, zwei winzige, nur wenige Zellen breite Amöben in ihre Gebärmutter eingepflanzt zu bekommen. Zwei kleine Embryos, potentielle zukünftige Menschen. Für sie begann die Schwangerschaft in diesem Moment.

Es stimmte, daß ich nicht viel darüber nachgedacht hatte, welche Opfer ich würde bringen müssen. Es gab ein paar mir bekannte Radfahrer, die ich nach dem Rennen manchmal, halb bekleidet, mit einem Baby auf dem Arm dastehen sah, das sie wie eine andere Art von Trophäe hielten. Ihre Ehefrauen oder Freundinnen kamen zu den Rennen und verwandelten irgendeine Ecke im Gemeindehaus in eine provisorische Kinderkrippe. Meist waren es gesponserte Fahrer, die die Rennen gewannen und vielleicht kurz davor standen, einen Vertrag zu bekommen und Profi zu werden. Wie sonst, dachte ich, hätten sie rechtfertigen können, daß sie so viel Zeit und Energie aufs Radfahren verwendeten?

Männer wie Mick und ich standen vom Können her zwar nur einen Tick unter ihnen, aber wir waren älter. Wir gingen auf die Dreißig zu. Körperlich standen wir auf der Höhe unserer Leistungsfähigkeit, doch wir hatten wenig Aussicht, sie noch sehr weit zu steigern und definitiv keine Ambitionen auf eine Karriere als Rennfahrer. Das Radfahren war für uns zwar mehr als ein Sport – eine Leidenschaft, eine Gemeinschaft, ja fast eine Lebensweise –, aber kein Broterwerb. Keiner von uns beiden lebte mit einer Frau zusammen, die sich damit abfinden würde, ihre Sonntage in zugigen Gemeindehäusern zu verbringen und zwischen Frühlingsschauern mit dem Baby auf dem Arm am Straßenrand zu stehen, während Daddy angestrengt im Kreis durch die Landschaft von Surrey fuhr. Wir hatten ein Leben außerhalb des Radsports.

Jetzt jedoch verlangte dieses Leben von mir, mich zu entscheiden. Was auch immer geschah, mir blieb noch ein wenig Zeit, bis ich mich wirklich darauf würde einstellen müssen. Ruth dagegen bekam das Schwindelgefühl, das mit unserer Entscheidung einherging, bereits voll zu spüren. Sie sollte alles, was sie zu dem gemacht hatte, was sie war – Kindheit, Jugend und der Beginn des Erwachsenendaseins –, hinter sich lassen. Mit der Schwangerschaft würde ein Prozeß beginnen, der sie zu einer anderen Art Frau machte, einer Frau wie ihre eigene Mutter und davor die Mutter ihrer Mutter. Es war, als sähe sie sich in einander gegenüberliegenden Spiegeln und die Reihe, die sich hinter ihr in der Ferne verlor, winke sie zu sich. Nun sollte es doch noch zu einer Abrechnung mit dem biologischen Schicksal kommen, gegen das sie immer aufbegehrt hatte. Dazu mußte sie einen Schritt ins dunkle Ungewisse tun, in eine Leere, die von so fataler Unwiderruflichkeit zu sein drohte wie das Öffnen der Klappe unter dem Galgen. Sie mußte wissen, daß ich dasein und ihre Hand halten würde, während wir diesen Schritt taten.

Ich versuchte, mir vorzustellen, wie es für sie sein mußte, aber meine Phantasie geriet ins Straucheln. Die Ziele, die ich mir beim Radfahren setzte, waren genau umrissen und künstlich; das hier war *real*. Ich bildete mir gern ein, ich hätte durch das Radfahren manches Wissenswerte über mich und das Leben erfahren – Dinge kennengelernt wie eine Verbindung von Werten mit Loyalität als Kern, ein Selbstbewußtsein und ein Selbstvertrauen, die mir bis dahin in mancher Hinsicht gefehlt hatten, und das Gefühl, einen Platz in der Welt zu haben –, aber hier versagte die Metapher. Radfahren war einfach Radfahren; das hier war das Leben. Es gab Dinge, die sich nicht übertragen ließen. Irgend etwas in mir sträubte sich dagegen, etwas so Triviales wie das Rasieren meiner Beine aufzugeben, während Ruth eine Veränderung in dem Gefühl ihrer körperlichen Integrität, einen Verlust ihrer persönlichen Selbständigkeit, erfahren sollte, der absoluter war, als ich mir auch nur klarzumachen wagte. Die Vorstellung, meine kostbare Form zu opfern, erschien mir fast unerträglich. Sie dagegen richtete ihr ganzes Ich mit Leib und Seele darauf ein, einen neuen, anderen Menschen hervorzubringen.

– Ich glaube, du hast recht, antwortete ich leise, bemüht, unsere Privatsphäre zu wahren, ohne defensiv zu klingen. Es ist für mich einfach immer noch ziemlich abstrakt.

Sie sah mich fragend an, ohne etwas zu sagen. In dem Moment kam mir der Gedanke, daß ich vielleicht nicht so genau über die Möglichkeit, Vater zu werden, hatte nachdenken wollen, um meine eigenen Erwartungen nicht zu sehr hochzuschrauben – und dann mit dem wahrscheinlichen Scheitern des ganzen Projektes fertig werden zu müssen. Doch die Tatsache, daß mir dieser Gedanke erst jetzt gekommen war, schien seine Authentizität in Frage zu stellen.

– Aber du weißt doch, daß ich mich entschieden habe. Es steht für mich an erster Stelle. Ich bin doch hier.

Ruth nickte. Reichte das? Ein paar Minuten zuvor hatte sie ein vorbereitendes Medikament bekommen. Sie schien in sich zu gehen.

– Viel Glück, Schatz. Sie starrte zurück, als hätte ich etwas Unfaßbares gesagt.

Weihnachten war Ruth schwanger. Einige Wochen darauf erfuhren wir, daß sie Zwillinge erwartete. Das war eine mögliche Folge der Invitrofertilisation, die wir kaum bedacht hatten. Wenn wir gewollt hätten, hätten sie uns drei Embryonen zurückgelegt, dann hätten es auch Drillinge werden können. Ohne die leiseste Ahnung zu haben, was eine Zwillingsgeburt bedeutete, waren wir selig über unser Glück. Doch es bedeutete, daß Ruth eine schwierigere Schwangerschaft bevorstand. Die Müdigkeit und die morgendliche Übelkeit setzten fast sofort ein. Daß die Übelkeit so schlimm sei, sei ein gutes Zeichen, erklärte sie tapfer. Es bedeute, daß die Hormone stark seien. Es bedeute, sie werde die Kinder nicht verlieren.

Die Übelkeit hielt bis Ende März an, ja bis in den April hinein. In der dunklen Zeit des Jahreswechsels gab es Tage, an denen das erste, was ich morgens hörte, war, wie Ruth sich in die Kloschüssel erbrach. Dann zwang sie sich, etwas zu sich zu nehmen, einen Toast vielleicht und eine Tasse schwachen Tee, und ging zur Arbeit, fast ohne mit mir ein Wort gewechselt zu haben. Manchmal rief ich sie später im Büro an und fragte sie, wie es ihr gehe. Schlecht ist mir, sagte sie. Als hätte ich das wirklich noch fragen müssen. Die Arbeit lenkte sie zumindest von der Übelkeit ab. Doch meine Anrufe waren eine unwillkommene Erinnerung daran, weshalb sie das Gespräch jedesmal abrupt beendete.

Abends kochte ich wie üblich, doch sie beklagte sich oft über den Geruch und aß nicht mit. Knoblauch war tabu. Ich versuchte, mir einfache, fade Gerichte einfallen zu lassen. Aber mein Atem war dennoch verseucht, vielleicht von dem, was ich im Laufe des Tages gegessen hatte. Er stank nach Knoblauch, Wein oder Kaffee. Abgesehen davon, daß sie an Übelkeit litt, war sie ständig müde, und die Arbeit gab ihr den Rest. Wenn ich abgespült und die Nachrichten gesehen hatte, lag sie schon im Bett und schlief.

Auf diese Weise vergingen Wochen. Ich wußte nicht, was ich sagen oder tun konnte, um ihr zu helfen. Es gab nichts, außer dazusein.

– Weißt du, wie sich das anfühlt? fragte sie. Es fühlt sich an, als hätten Aliens von mir Besitz ergriffen. Da sitzen diese beiden kleinen Aliens in meinem Bauch und saugen auf meine Kosten alles weg, was sie brauchen.

Aus dem Gefühl heraus, zu nichts nutze zu sein, schlug ich ihr vor, das Radfahren eher aufzugeben, als ich es versprochen hatte. Wahrscheinlich war die Halbherzigkeit dieses Angebots offensichtlich, denn Ruth schüttelte den Kopf. Sie wußte, es würde ihr nichts helfen, wenn ich mit Trauermiene herumlief und mir wünschte, ich wäre anderswo.

Statt dessen stürzte ich mich in dem Wissen, daß dies meine letzte Saison sein würde und noch dazu eine kurze, mit größerer Entschlossenheit denn je ins Training. Manchmal wurde mein Zeitplan so eng, daß ich an einem Wochentag noch bei Dunkelheit aufstand, um vor der Arbeit noch eine Trainingsfahrt einzuschieben. Andere Männer hätten sich vielleicht gefragt: Wie soll ich meine zukünftige Familie ernähren? Die Notwendigkeit, Geld zu verdienen, war mir jetzt zwar stärker bewußt und erhöhte meinen Arbeitseifer, aber ich wollte auch meine Rennen fahren, und jetzt fuhr ich gegen die Zeit.

Am Osterwochenende nahm ich an der Tour of Ulster teil, einem dreitägigen Etappenrennen durch die Hügel rund um Enniskillen. Mick und ich fuhren als Teil eines Teams für die Sektion South London der British Cycling Federation. Wir trugen Trikots, die ich noch nie gesehen hatte: reinweiß mit einem roten Kreuz und einem blauen, wellenförmigen Symbol, das wie das Logo von Thames Water aussah. Es war ein hübsches Trikot, und es war aufregend, mit Fahrern aus anderen Vereinen in einer Mannschaft vereint zu sein, doch wir hatten Bedenken, auf welche Reaktionen die Flagge des heiligen Georg in Nordirland stoßen würde.

Nach einem schlechten ersten Tag schnitt unser Team gut ab. Am letzten Tag, auf einer Etappe, die bei strömendem Regen begann, setzten sich zwei von uns mit einer Fünfergruppe ab, die ihren Vorsprung sechzig Kilometer lang behauptete. Wir erreichten das Ziel Sekunden bevor die Überreste des uns verfolgenden Feldes eintrafen. Angesichts der Tatsache, daß wir in einer Fünfergruppe zu zweit waren, hätten wir es eigentlich schaffen sollen, beim Finish irgendeine Taktik anzuwenden, die meinem Teamkollegen beim Sprint zumindest eine Chance gegeben hätte. Doch wie immer hatte ich für den Endspurt keine Reserven mehr. Ich konnte nicht einmal mehr klar denken und mich auf nicht viel anderes konzentrieren als darauf, die Linie zu erreichen. Ich wurde schließlich Vierter und er Dritter. Durch diese Plazierung und eine brauchbare Zeit bei dem Zeitrennen am Tag zuvor kam ich jedoch unter die ersten Zehn. Es war eine heldenhafte Flucht gewesen, eine, die sich in Gestalt einer Reihe von lebhaften Bildern und Empfindungen in mein Gedächtnis einbrennen sollte, als einer der Höhepunkte meiner Radsportlaufbahn. Damals jedoch wußte ich nur, daß ich extrem gut in Form war, und ich war entschlossen, daraus das Beste zu machen, bevor der Sommer vorbei war. Ich wollte bis Ende Juni Rennen fahren, so daß die Saison für mich sichere vier Wochen vor Ruths Termin zu Ende sein würde.

Wir wollten, am Abend die Fähre von Belfast nehmen. Mit von dem langen Rennen schmerzenden Beinen schlenderten wir durch den Abfahrtsterminal und gaben, als unsere Körper sich an den Kalorienverlust erinnerten, unser Kleingeld am Kiosk für Mars- und Müsliriegel aus. Bei der Rückfahrt durch die Nacht wechselten wir uns am Steuer ab, und die anderen dösten so gut sie konnten. Im Morgengrauen erreichten wir die ersten Ausläufer von London. Wir waren alle müde und dachten daran, daß wir jetzt mit zuwenig Schlaf direkt zur Arbeit mußten. Die Verabschiedung im kalten grauen Licht und der feuchten Luft der Stadt fiel sehr prosaisch aus. Mein Rad war noch verdreckt von dem verregneten Rennen am Tag zuvor, und am Hinterrad waren ein paar Speichen gebrochen. Diese Rückkehr in das zivile Leben, dieses Ende des Abenteuers, war ein melancholischer Moment.

Es war, wie wenn man am Ende eines Romans ankommt, den man sehr gemocht hat, und es kaum erträgt, sich von dessen Welt zu trennen und in sein eigenes alltägliches Leben zurückzukehren.

Einen Monat darauf, Anfang Mai, machten Ruth und ich mit meinen Eltern zwei Wochen Urlaub auf einer griechischen Insel. Obwohl sie erst im fünften Monat war, wirkte Ruth bereits hochschwanger. Trotzdem mieteten wir uns Fahrräder, um auf der Insel herumzufahren. Die Straße, die durch das Herz der Insel führte, stieg mit einer sanften Steigung an. Sie war kaum steil genug, daß man sie morgens im Freilauf hätte hinunterrollen können, doch am Spätnachmittag kämpfte sich Ruth mühsam, in der heißen, trockenen Luft keuchend, hinauf.

Ich fuhr neben ihr her und schob sie, eine Hand in ihrem Kreuz, an, wie man es einen Vereinskameraden manchmal bei jemandem tun sah, der mit einem Anstieg zu kämpfen hatte. Es war erstaunlich, wieviel diese Hilfe ausmachte. Ich hatte mich seit mehreren Saisons nicht mehr anschieben lassen – es war eine Frage des Stolzes. Und weil es eine Frage des Stolzes war, mußte man sicher sein, daß diese Hilfestellung dem anderen auch willkommen sein würde. Viele litten lieber einsam vor sich hin, als sich durch die Annahme dieser Hilfe gedemütigt zu fühlen.

– Das gefällt dir, stimmt's? sagte Ruth. Es bedeutet, daß du mehr gefordert wirst.

Ich stritt es nicht ab. Ein- oder zweimal fuhr ich mein quietschendes Rad mit dem losen Sattel die gewundene Bergstraße zum höchsten Punkt der Insel hinauf, einem kahlen, grauen Felsen, der wie das Kinn eines Boxers in Richtung des einige Kilometer entfernten türkischen Festlands hinausragte. Die Ziegen konnten frei herumlaufen, aber ich konnte mich dem Gipfel nicht nähern, weil ein Wachhäuschen und ein amtliches Schild anzeigten, daß ich damit unbefugt einen Militärstützpunkt betreten würde. Ein paar hundert Meter entfernt, kurz vor dem Abgrund, wachte ein Betonbunker, der vor Antennen strotzte, über ein östliches Ägäisches Meer, das die Farbe von Kupfersulfat hatte, und über die bergige Küste Kleinasiens jenseits davon in der dunstigen Ferne.

Am Abend, nach dem Essen, rollten wir im Freilauf heim, fast geräuschlos, bis auf das sanfte Zischen unserer Reifen in dem Staub des Weges, der zu unserer kleinen Villa hinunterführte. Einmal überraschten wir auf der Heimfahrt einen Nachtvogel auf der Straße. Es war eine Zwergohreule, ein winziger Vertreter der Familie der Eulen, dessen Ruf man auf jenen Inseln häufig hört, wenn er die Stunden der Nacht mit einem Laut unterteilt, der so unnatürlich klingt wie ein periodischer elektronischer Alarm. Den Tag verbrachten wir immer am Strand. Den besten und einsamsten von allen erreichte man nur durch eine mühsame Wanderung um mehrere zerklüftete Landzungen herum, über Ziegenpfade, die gesäumt waren von scharf riechendem Thymian und Oregano, ausgedörrtem Salbei und dornigen kleinen Büschen, die wie niedriger, grauer Stechginster aussahen. Unsere Schienbeine und Knöchel waren bald von einem wirren Muster aus unzähligen kleinen Schnitten überzogen. Sogar im Mai konnten die Sonne und die Hitze am späten Vormittag schon sengend sein. Abseits der Dörfer ähnelte die Landschaft einer biblischen Wildnis, in der es kaum einen Strauch gab, der Schatten spendete, nur hin und wieder den halbverfallenen Schuppen eines Ziegenhirten oder die verlassene Hütte eines Bauern.

– Ist dir klar, wie das ist? fragte Ruth während einer Verschnaufpause auf einer dieser Wanderungen. Es ist, als ob man die ganze Zeit mit einer riesigen Wärmflasche vorm Bauch rumläuft.

Wir hielten alle fünfhundert Meter an, damit sie wieder zu Atem kam und an einer Wasserflasche nippen konnte. Sie trank einen Schluck und ging weiter, blieb stehen und trank einen Schluck.

Die Hitze setzte sich auch nach unserer Rückkehr fort: Der Sommer 1995 war lang und heiß. Ich weiß noch, welches Jahr es war, denn in diesem Jahr kamen unsere Kinder zur Welt. Nach unserem Urlaub schien sich die Form, in der ich in Irland gewesen war, in Luft aufgelöst zu haben. Zwei Wochen hatten gereicht, um die Höchstform, zu der ich aufgelaufen war, wieder zu verlieren. Meine Bräune trug mir im Umkleideraum ironische Pfiffe ein, doch beim nächsten Rennen hatte ich zu kämpfen. Ich war aus dem Takt. Während ich weg war, waren die anderen Fahrer schneller geworden. Das warme Wetter tat ihnen gut, ich dagegen litt darunter. Während die Wochen vergingen und der Termin, den ich mir für mein letztes Rennen gesetzt hatte, näher kam, schwand meine Motivation dahin. Mick hatte seine Teilnahme ebenfalls eingeschränkt, um seine bevorstehende Hochzeit vorzubereiten. Mein letztes Rennen kam und ging vorüber, ohne in meinem Gedächtnis irgendwelche Spuren zu hinterlassen. Mit einer gewissen Erleichterung gab ich mich geruhsam den Vorbereitungen für die Geburt unserer Zwillinge hin: besorgte Babyunterhemden, Söckchen, zwei Baumwollhüte, baute das hölzerne Kinderbett zusammen, das selbst für zwei Babys unglaublich groß wirkte.

Kurz vor einem Wochenende Mitte August setzten bei Ruth die Wehen ein. Es war so schwül, daß ich, selbst wenn ich still saß, schwitzte. Ich schwitzte leicht. Ich schwitzte die ganze Zeit. Wenn man fit ist, schwitzt man mehr. Ich brauchte mich bloß zu bewegen, und schon quoll der Schweiß wie aus hundert winzigen Quellen auf meiner Stirn hervor. Als die Wehen kamen, schwitzte Ruth auch. Ich wischte ihr Stirn und Schläfen mit einem feuchten Waschlappen ab. Von Zeit zu Zeit drückte ich ihn über dem Waschbecken mit den seltsamen Krankenhaushähnen aus. Egal, wie lange ich das Wasser laufen ließ, es wurde nie richtig kalt.

Ein junger Geburtshelfer mit sanfter Stimme besprach sich mit Ruth. Ihm fielen meine Beine auf, und er fragte mich:

– Sie sind Radfahrer? Er war Ire, aus der Republik.

– Ja, antwortete ich erfreut. Sie auch?

Er war auch Radfahrer, zumindest gewesen, ein wenig. Vielleicht war das bloß Bescheidenheit, aber in Irland bedeutete ein wenig sehr viel. Es war dort eher so wie auf dem Kontinent. Sie verstanden etwas vom Radsport. Fahrer wie Sean Kelly und Stephen Roche waren Nationalhelden gewesen. Der Radsport ist dort ein fester Bestandteil der Volksseele, nicht solch seltsame Randerscheinung wie hier.

Plötzlich war es mir peinlich, vor Ruth übers Radfahren zu reden. Es war ihr Beratungsgespräch, und sie lag in den Wehen. Vielleicht kam es auch dem Geburtshelfer ein wenig unschicklich vor, denn das Gespräch blieb im Ansatz stecken. Er wandte sich auf seine ruhige Art wieder an Ruth.

– Er macht einen recht netten Eindruck, flüsterte ich Ruth zu, nachdem er gegangen war. Ich hoffe, wir behalten ihn.

Ruth zuckte mit geschlossenen Augen die Achseln, was ich so deutete, daß es ihr entweder gleichgültig war oder sie nicht darauf zählte.

Sie hatte recht. Es dauerte noch sechsunddreißig Stunden, bis die Zwillinge zur Welt kamen. Wir sahen unseren irischen Geburtshelfer nie wieder. Als seine nächste

Schicht begann, waren wir längst verschwunden – umgelegt auf die Station für junge Mütter in eine ganz neue Welt.

Vor Erschöpfung weinend, bekam Ruth irgendwann eine Epiduralanästhesie. Baby Nummer eins arbeitete, bewegte sich jedoch nicht nach unten. Der Herzschlag beider Babys wurde überwacht. Am Sonntagmorgen, als die Sorge, daß Baby Nummer eins in Not sein könnte, wuchs, wurde Ruth schließlich für einen Kaiserschnitt in den Kreißsaal gefahren. Hinter dem Vorhang kauernd, hinter dem das Personal ihren Bauch versteckte, hielten Ruths Schwester und ich ihr die Hand und sangen Kinderlieder, alles, was uns gerade einfiel, um Ruth zu beruhigen, während die Chirurgen ihren Bauch öffneten und darin herumwühlten.

Die Zeit verlangsamte sich, und dann begann sie auf einmal zu rasen. Es schienen zu viele Leute im Raum zu sein, und plötzlich wurden zwei blutverschmierte Pakete herumgereicht – Baby Nummer eins und Baby Nummer zwei – und mit Sauerstoffgeräten traktiert. Innerhalb von Sekunden schien sich der Raum zu leeren, und Ruths Schwester und ich hielten Ruth jeder ein in Baumwollgaze gewickeltes Baby hin, damit sie es sehen konnte. Wir mußten sie ihr fast vor die Nase halten, denn sie lag immer noch flach auf einem Rollbett, gelähmt von der Betäubung und fast zu benommen von den Medikamenten, den Emotionen und der Anstrengung, um reagieren zu können.

Unser neues Leben hatte begonnen.

6. Etappe

In jedermanns Leben gibt es einige Ereignisse, die wir nicht genau auf einen Grund zurückführen können. Auf ähnliche Weise kann beim Radfahren durch Zufall die Kette herausspringen, die Reifen können ein Loch bekommen, und in seltenen Fällen kann die Gabel brechen. Diese Vorfälle symbolisieren die kleineren und größeren Schläge im Leben.
R. N. Khurana

Karfreitag, gut achtzehn Monate später. Es war nicht kalt, aber bedeckt und sah nach Regen aus. Das Osterrennen im Herne-Hill-Stadion schien den Aprilschauern traditionsgemäß immer knapp zu entgehen. Man konnte sich darauf verlassen, daß sich trotz stürmischen Wetters ein paar Hundert Leute zu einer Zuschauermenge versammeln würden, die so gar nicht in jenen vornehmen, grünen Londoner Vorort paßte.

Sie kamen mit dem Auto, zu Fuß und natürlich mit dem Fahrrad. Da sie hier waren, um ihre Freunde und Vereinskameraden auf derselben Bahn und am selben Nachmittag fahren zu sehen wie die berühmten internationalen Sprinter und Verfolger, zahlten sie am Eingang bereitwillig das Eintrittsgeld. Die Starsprinter führten die Liste an: kraftstrotzende Athleten wie der ehemalige DDR-Sportler Michael Hübner und der Amerikaner Marty Nothstein – Männer, deren Wadenmuskeln so dick waren wie die Oberschenkel eines gewöhnlichen Rennfahrers.

Das Karfreitagsrennen war mit Abstand das größte Ereignis im Veranstaltungskalender des Stadions. Es mag eine farblose Imitation der jovialen Bierfeststimmung der großen Sechs-Tage-Rennen sein, die jedes Jahr in Gent und anderen holländischen und deutschen Städten stattfinden, und ein noch schwächerer Abglanz der großen gladiatorischen Radsportwettkämpfe, die einst dem Pariser Vél' d'hiv' und den New Yorker Madison Square Gardens zu Ruhm verhalfen, doch dieser ziemlich versteckte Winkel der Radsportgeschichte des Londoner Südens hat es noch immer geschafft, seine spezielle verhaltene Karnevalsatmosphäre herzustellen.

In jenem Jahr hatten wir so viele andere Dinge im Kopf – und zwar nicht nur aufgrund unseres hektischen Lebens als berufstätige Eltern –, daß die Feiertage völlig unvermittelt über uns hereinbrachen. Wir hatten für den Freitag nichts geplant. Dennoch war ich erstaunt, als Ruth meinen Vorschlag, einen Ausflug nach Herne Hill zu machen und uns die Rennen anzusehen, bereitwillig annahm. Und noch mehr erstaunte es mich, daß sie einverstanden war, mit dem Fahrrad hinzufahren. Ich wußte, daß viele meiner Radfahrkumpel dort sein würden, und für die wenigen, die Kinder hatten, würde es eine Art Familienausflug sein. Einige hatte ich seit der Geburt der Zwillinge nicht mehr gesehen. Normalerweise legten wir mit den Kindern in dem Anhänger, in dem wir sie den einen Kilometer zur Kinderkrippe fuhren, keine so weiten Entfernungen zurück. Doch um der alten Zeiten willen gefiel mir die Vorstellung, dort mit dem Fahrrad einzutreffen.

– Bist du sicher? fragte ich nach. Wir können auch gern das Auto nehmen.

– Nein. Ist schon in Ordnung. Wenn du den Anhänger ziehst, können wir ruhig mit dem Rad hinfahren.

Es war schwer, Ruths passive Ergebung in meine Wünsche zu deuten. Es machte mich unsicher und aus irgendeinem unerfindlichen Grund ein bißchen deprimiert. Sie kannte mich sehr gut, wußte, wie gern ich es anderen recht machte – wie gern ich mich selbst als einen zuvorkommenden, unverkrampften Menschen sah. Doch sie wußte auch, wie stur ich sein konnte, wenn ich mir einmal etwas in den Kopf gesetzt hatte. Es war möglich, dachte ich, daß sie gerade weder genug Willenskraft besaß, um einen Gegenvorschlag zu machen, noch die Energie, darüber zu diskutieren. So erfüllte mich ihre schnelle Einwilligung halb mit Dankbarkeit und halb mit Schuldgefühlen.

Ich verstaute die Kinder im Anhänger, setzte ihnen ihre Helme auf und vergaß auch nicht, ihre kleinen Mäntel einzupacken. Joe wollte auf den Arm genommen werden und protestierte dagegen, angeschnallt zu werden, bis er seinen Daumen fand. Mit ein paar beruhigenden Worten zog ich den Reißverschluß zu. Das Nylonverdeck des Anhängers hatte vorn und an der Seite Fenster aus durchsichtiger Plastikfolie, so daß die beiden einen gewissen Ausblick genossen, während ich fuhr, und ich selbst sie sah, wenn ich mich umdrehte.

Sobald Ruth die Haustür abgeschlossen hatte, machte sich unser kleiner Konvoi auf den Weg. Aus Gewohnheit trug ich meinen Helm. Ruth trug keinen. Er drücke ihre Haare platt und mache die Locken kaputt, sagte sie immer, und sie fahre sowieso nicht so schnell, daß sie einen Helm brauche. Manchmal argumentierte ich dagegen, und einmal – als sie von einem Auto angefahren worden war (wenn auch zum Glück ohne Folgen) – setzte ich mich sogar für ein paar Wochen durch. Diesmal sagte ich nichts. Ruth hatte Krebs. Es gab keine langen Löckchen mehr, die man hätte platt drücken können, dafür hatte die Chemotherapie gesorgt. Unsere Hoffnung auf eine Besserung schwand mit jedem Tag dahin. Was konnte man also im Vergleich dazu sinnvollerweise über die Prognosen für Leute sagen, die ohne Helm Fahrrad fuhren? Ich sah zu dem dunkler werdenden Himmel hinauf und beschloß, mir statt dessen Sorgen zu machen, daß es vielleicht regnen würde.

Auf dem fahrradfreundlichsten Weg nach Herne Hill, den ich finden konnte, gondelten wir durch die Seitenstraßen im Süden von London. Ruth fuhr hinter mir und schirmte den Anhänger ein wenig gegen den Verkehr ab. Es war unmöglich, auf irgendeinem direkten Weg nach Herne Hill zu kommen, ohne einen Hügel in Angriff zu nehmen. Die von mir gewählte Route führte den Dog Kennel Hill hinter Camberwell hinauf, nur einen Steinwurf vom Denmark Hill und vom King's College Hospital entfernt, wo die Kinder zur Welt gekommen waren.

Da ich den Anhänger ziehen mußte, legte ich einen kleinen Gang ein und nahm die kurze Steigung so gemächlich, wie ich konnte. Sachte tretend, drehte ich mich auf halber Höhe um. Ruth hatte nicht mithalten können und war zurückgefallen. Meinen kleinsten Gang wählend, verlangsamte ich die Fahrt fast bis zum Schrittempo. Doch auch das half nichts. Ruth holte nicht auf. Solange ich es nicht übertrieb, hatten wir immer bequem zusammen durch die Stadt fahren können. Und jetzt zog ich den Anhänger.

– Willst du kurz anhalten? rief ich zurück.

– Nein.

– Willst du eine Pause machen?

Ruth schüttelte den Kopf.

– Nein, fahr weiter. Ich hol dich schon ein.

Sie sah immer noch nicht krank aus. Während der Chemotherapie war es ihr schlecht gegangen, sehr schlecht. Aber das lag an der Chemotherapie, nicht am Krebs. Ein, zwei Tage zuvor hatte sie erwähnt, daß sie schwer Luft bekam. Ich hatte gehört, was sie gesagt hatte, aber nicht weiter darüber nachgedacht, was es bedeuten könnte. Bei Krebs lebt man ständig mit dieser schizophrenen Einstellung: Man befürchtet das Schlimmste, nimmt jedoch das Beste an. Wir beschlossen, ihre Atemlosigkeit, von der sie sagte, daß sie ziemlich harmlos sei, als eine Nebenwirkung der Bestrahlungen anzusehen.

An diesem Karfreitag ließ sich das Schlimmste nicht leugnen. Die Verschlechterung von Ruths Zustand war nicht zu übersehen. Keiner von uns beiden mußte etwas sagen. Was wir beide dachten, war: *Lungenkrebs*. Ich konnte der bitteren Ironie dieses Ausflugs nicht entfliehen, eines Ausflugs, den wir auf meine Veranlassung hin unternahmen. Wir waren auf dem Weg zu einem Stadion, um uns einige der fittesten Männer der Welt und der schnellsten auf zwei Rädern anzusehen – Männer mit riesigen Lungen, Massen von gesundem, lebensspendendem Gewebe –, und meine Frau würde langsam sterben, weil sie keine Luft bekam.

Ich spürte, wie ich innerlich zusammenbrach. Am liebsten wäre ich an den Rand gefahren, hätte mich, den Kopf in die Hände gestützt, auf den Bordstein gesetzt und mir ganz fest gewünscht, daß alles wieder gut wäre.

Statt dessen tat ich, was sie gesagt hatte. Ich drehte mich wieder um und fuhr langsam weiter den Hügel hinauf. Ab und zu blickte ich über die Schulter nach hinten, um sicherzugehen, daß Ruth nicht zu weit zurückfiel.

Kein Hügel ist für mich je so qualvoll gewesen.

Zehn Minuten darauf trafen wir am Stadion ein. Keiner von uns beiden sagte ein Wort über das, was am Dog Kennel Hill passiert war. Es gab nichts zu sagen.

Wir schlossen unsere Räder ab, nahmen jeder ein Kind auf den Arm und machten langsam einen Rundgang um die Bahn. Von den überhöhten Kurven aus hatte man einen guten Überblick, so daß dort, und nicht auf der Tribüne am Clubhaus, die meisten Zuschauer versammelt waren. Wie es für Bahnrennen typisch war, folgten auf aufregende Momente intensiver Aktivität immer wieder langweilige Pausen. Aus der Lautsprecheranlage erscholl das wirre Gebrabbel eines Ansagers, der die Ergebnisse der Vorläufe und die Startlisten der bevorstehenden Rennen verlas. Vor dem Clubhaus sah man die Teilnehmer auf der Rolle fahren, um ihre Beine warm und geschmeidig zu halten. Aus der Entfernung war es ein leicht surrealer Anblick. Sie konnten sich aufsetzen und sich mit daneben stehenden Leuten unterhalten, während sie traten und traten, ohne irgendwohin zu gelangen.

In dem Moment brach die Sonne mit der Plötzlichkeit einer Offenbarung durch die dichte, graue Wolkendecke. So unerwartet beleuchtet, erstrahlte die Szene in grellen Farben. Die weiße Oberfläche der Bahn schimmerte wie ein schneebedeckte Skipiste. Die Fahrer in ihren Vereinstrikots erinnerten an die unvermischte Palette eines Bildes von Léger, und das Gras des Fußballfeldes in der Mitte der Bahn leuchtete in einem unwirklichen Algengrün.

– He, Matt! Wie geht's dir?

Ein großer, schlaksiger Kerl mit einem ähnlichen Ansatz zur Glatze wie ich, nur noch stärker, lächelte mich an. Er trug eine Brille und einen gepflegten Spitzbart. Ich kannte ihn, aber seinen Namen hatte ich vergessen. Schließlich war es eine Weile her. Er war Neuseeländer, so viel wußte ich noch, ein freundlicher, ernsthafter Mann, den ich nur von Vereinsfahrten, nicht von Rennen her kannte. Zu spät wurde mir klar, wie wenig ich im Grunde irgend jemanden aus diesem alten Leben treffen oder sprechen wollte. Wie anstrengend kam es mir plötzlich vor – dieses wiederholte Berichten über die dazwischenliegende Zeit, das öde Auf-den-aktuellen-Stand-Bringen und jetzt das nüchterne Eingeständnis unseres offiziellen Status als Familie mit einem Krebsopfer.

– Gut! Und dir? fragte ich – wie ich hoffte, munter genug, um meine Verlegenheit darüber, daß mir sein Name entfallen war, zu verbergen. Beim Vorstellen druckste ich ein wenig herum.

– Das ist Ruth. Und das ist Joe ... und das hier ist Lola.

– Steve, sagte er, während er Ruth die Hand hinhielt. Offensichtlich war ihm diese Begegnung wichtig genug, daß er meinen Fauxpas ignorierte.

– Und das hier ist Susan ... und unser Sohn Ethan, sagte er und deutete auf eine Frau mit kurzem blondem Haar, einem offenen Gesicht und einem kleinen, braunäugigen Jungen auf der Hüfte, der bis auf den Spitzbart ganz der Vater war. Ich lächelte ihr zu und begrüßte Ethan mit einem kleinen *Hi!*, das genügte, daß er das Gesicht im Schaffellmantel seiner Mutter vergrub.

– Und, kommst du viel raus? fragte Steve. Er meinte natürlich mit dem Fahrrad.

– Nein, nicht besonders. Wenn ich kann, fahr ich manchmal am Samstagvormittag ein paar Stunden, aber das war's dann. Du kennst das ja, die Arbeit, die Kinder ...

Er nickte zustimmend. Einem plötzlichen Impuls folgend und um es hinter mich zu bringen, fügte ich hinzu:

– Und Ruth geht es nicht sehr gut. Es ist alles schwerer geworden.

Ich schielte zu Ruth hinüber, um zu sehen, ob sie verstimmt war über meine Offenheit, doch ihr Gesicht blieb eine Maske der Teilnahmslosigkeit. Sie schien ganz woanders zu sein.

– Ja, das tut mir sehr leid. Wir haben es gehört ... von Mick, fügte er hinzu, damit es nicht so sehr nach Tratsch klang.

Jetzt begriff ich. Ich an seiner Stelle hätte vor dieser Begegnung Angst gehabt, aber andererseits wäre er sich allzu schäbig vorgekommen, wenn er uns mit einem Kopfnicken und einem Winken hätte vorbeigehen lassen. Er war einfach ein anständiger Mensch, der Anstand bewies. Doch seine Anständigkeit verpflichtete uns dazu, seine Anteilnahme und sein Mitgefühl bereitwillig anzunehmen. Wir waren gerade dabei, diese neue Etikette zu lernen, die für den erlauchten Kreis des Krebspatienten gilt.

– Wo warst du denn in Behandlung? fragte Susan Ruth ein wenig zu aufgeräumt.

– Im Guy's Hospital, antwortete Ruth, wobei sie Joe mit einem Ruck auf ihrer Hüfte nach oben schob.

– Natürlich, sagte Susan, als kenne sie sich aus.

– Susan arbeitet im St. Thomas', fügte Steve zur Erklärung hinzu.

– Als was denn? fragte ich.

– Ich bin psychologische Beraterin, erklärte sie. Wir haben viele Patienten von der Onkologie.

Sehr viel hygienischer, als Krebspatienten zu behandeln, war der lieblose Gedanke, der mir durch den Kopf schoß.

– Ach, dann müßtest du doch Lorri M... kennen. Ich probierte es mit dem einen Namen, den ich vom psychologischen Dienst der beiden Krankenhäuser kannte.

Bei seiner Nennung fiel Susan das Gesicht herunter, als wäre die Sonne plötzlich hinter einer Wolke verschwunden.

– Äh, ja genau ... sie ist meine Chefin, antwortete sie vorsichtig.

– Susan und ihre Chefin ... verstehen sich nicht sehr gut, klärte Steve mich überflüssigerweise, zur Seite gewandt, auf.

– Oh, sagte ich. Natürlich war ich neugierig. Ohne dieser Person, die ich erst seit anderthalb Minuten kannte, etwas Böses zu wollen, ertappte ich mich bei dem Wunsch, die Gelegenheit zu nutzen, ihr Unbehagen weiter zu erforschen und das Pikante daran auszukosten. *Was ist los mit mir?* dachte ich. Ich war doch immer ein netter Mensch gewesen.

Es war knapp, doch meine besseren Instinkte siegten. Das Thema wurde fallengelassen.

– Seid ihr gerade erst gekommen? erkundigte sich Steve, noch einmal von vorn beginnend.

– Ja, ungefähr vor zehn Minuten. Was haben wir verpaßt?

– Vorhin haben wir Hübner gesehen, wie er sich aufgewärmt hat. Mann, der hat Beine!

– Wann ist er dran?

– Oh, die Besten bewahren sie für den Schluß auf. Nach dem Punktefahren und der Verfolgung.

– Ah, dann bekommen wir vorher Obree auf seinem selbstgebastelten Rad zu sehen?

– Das wird interessant. Ich weiß nicht, wie er diese Sitzhaltung durchhält.

– Stimmt, wie kann er dabei nur richtig atmen? sagte ich, ohne nachzudenken.

Ich blickte zur Seite und war erleichtert, Susan und Ruth in ein Gespräch über Kinderkrippen vertieft zu sehen. Gleich darauf wurden die Fahrer an den Start gerufen, und ich wechselte einen Blick mit Ruth. Wir entschuldigten uns mit der Erklärung, daß wir unseren Rundgang um die Bahn beenden wollten.

Von den Rennen an jenem Nachmittag weiß ich überhaupt nichts mehr. Woran ich mich erinnere, ist, daß es heiß wurde und daß Joe in einem jämmerlichen Zustand war. Nur für Momente ließ er sich durch die bunten Farben und das Schauspiel der vielen Radfahrer ablenken.

Die meiste Zeit klammerte er sich an uns und war unglücklich.

Während wir auf der offenen Tribüne saßen und in den unverhofften Sonnenschein blinzelten, zeigte sich, warum: Ohne eine Vorwarnung übergab er sich auf die Bretter vor unseren Füßen. Zum Glück waren die Sitzreihen in diesem Teil der Tribüne nur halb belegt. Die Leute um uns herum ignorierten uns höflich, während wir eine Wochenration von Feuchttüchern darauf verwendeten, Joe zu säubern, und hastig den schlimmsten Teil seines Erbrochenen vom Boden aufwischten.

Kindern macht das Erbrechen selbst meist merkwürdig wenig aus, und so war Joe augenblicklich besserer Laune. Vielleicht war es eine dieser mysteriösen, kurzzeitigen Magenverstimmungen gewesen, die im Leben kleiner Kinder eine regelmäßig wiederkehrende Gefahr darstellen. Vielleicht war es auch ein unwillkürlicher Akt des Mitgefühls an diesem Karfreitag. Auf meine Art konnte ich Joe vom Bauch her gut verstehen. Die Veranstaltung hatte jeden Reiz, den sie einst für mich gehabt hatte, verloren.

Wie ich Steve gesagt hatte, fuhr ich in jenem Winter und Frühjahr samstags meistens noch Rad, wozu ich mich, wenn das Wetter nicht gar zu scheußlich war, um halb zehn mit Mick in Dulwich traf. Regnete es, wenn wir aufwachten, dann warteten wir beide bis ungefähr um halb neun, bevor einer von uns den anderen anrief, um sich mit ihm zu beraten oder abzusagen.

Ich fuhr jedoch auch, wenn Mick absprang. Mick hatte den Vorteil, daß er kinderlos war und nur fünf Minuten vom Kriegerdenkmal entfernt wohnte, wo wir uns trafen. Wenn es draußen naß war, konnte er einfach sein Frühstück verschieben und sich wieder ins Bett legen. Ich dagegen war zu dem Zeitpunkt mindestens schon zwei Stunden wach, weil ich die erste Schicht mit den Kindern übernahm (daß Ruth ausschlafen konnte, gehörte mit zu der Abmachung, durch die ich zu meiner Radtour kam). Außerdem hatte ich bereits eine große Schüssel Porridge hinuntergeschlungen. Daher war mir um die Zeit das Wetter egal: Es kam für mich nicht in Frage, mir meine kostbaren, knapp bemessenen Stunden der Freiheit entgehen zu lassen.

Gelegentlich bereitete unsere Abmachung mir Kopfzerbrechen. Wenn ich darüber nachdachte, kam mir mein Wunsch, mit dem Rad hinauszufahren, manchmal unverzeihlich egoistisch vor. Ruth fragte zuweilen Ende der Woche nach, ob ich am nächsten Tag radfahren wolle.

– Hm, ja, ich glaub schon ... sagte ich dann. Aber meinst du wirklich, ich sollte? Es kommt mir nicht fair vor ... dich immer mit den Kindern allein zu lassen. Vielleicht sollte ich es lieber sein lassen.

– Natürlich sollst du fahren, sagte sie, ungehalten einzig darüber, daß ich zum hundertsten Mal um Erlaubnis bat. Du brauchst Bewegung. Es ist das einzige, was du für *dich* tust. Wahrscheinlich ist es ein gutes Ventil ...

Wenn Mick mitkam, fuhren wir, wann immer die Straße es zuließ, nebeneinander, aber ohne dabei viel zu reden. Wenn wir uns unterhielten, dann auf eine zurückhaltende und doch lockere, verkürzte Art – über die Arbeit, unsere Lebensgefährtinnen, über das, was in unserem Leben gerade passierte. Meist fühlte es sich wie eine unumgängliche Formalität an, wenn wir mit einem respektvollen Mangel an Neugierde auf den Hintergrund Bezug nahmen. Es war, als wäre der Rest unseres Lebens nur ein Nebenschauplatz, die erforderliche Kulisse, die die eigentlich lebendige Erfahrung des Hier-und-Jetzt ermöglichte: in die Pedale zu treten, Seite an Seite dahinzurollen mit sich einträchtig drehenden Rädern, im Einklang mit unserer gemeinsamen Liebe zum Radfahren.

Als Micks Vater krank wurde und starb, war ich noch so jung, daß der Tod mein Leben kaum gestreift hatte. In der Schule war ein älterer Junge nach den Sommerferien nicht mehr zurückgekehrt, weil sein Wagen in einen Frontalzusammenstoß verwickelt gewesen war. Jahre darauf wurde eine alte Schulfreundin von Ruth auf einer Thailand-Reise ermordet. Ich hatte sie auch gekannt und war ähnlich schockiert und betroffen. Doch die bizarren Umstände ihres Todes, seine völlige Zufälligkeit und reale Ferne, machten es uns schwer, den Verlust wirklich wahrzunehmen. Auch wenn sie aus unserem Leben verschwunden war, kam ihre Abwesenheit uns nicht real vor. Und wir lebten, wie alle jungen Erwachsenen, in dem sicheren Gefühl unserer eigenen Unsterblichkeit weiter.

Als Micks Vater gestorben war, hatte ich Mühe, die richtigen Worte zu finden, um mein Bedauern und mein Mitgefühl auszudrücken oder ihm die Möglichkeit zu geben, über seinen Schmerz zu reden. Keiner von uns beiden brachte sehr viel mehr als Platitüden heraus, bevor ihm die Worte ausgingen. Als Ruth krank wurde, tat sich Mick auch nicht leichter.

Er erkundigte sich. Ich gab ihm einen verkürzten medizinischen Bericht.

Danach war ich jedesmal froh, wenn eine Steigung kam und sich einer von uns hinter den anderen zurückfallen ließ. Dann wechselten wir uns mit dem Tempomachen ab, lauschten nur noch auf den Rhythmus unserer angestrengten Atmung und loteten keinen anderen Schmerz mehr aus als den von der Milchsäure in unseren Beinen.

Es waren gesellige Fahrten. Die meiste Zeit konnte ich noch mit ihm mithalten, doch wir fuhren nicht so weit hinaus wie früher. Selten wurden es mehr als drei Stunden oder fünfundsiebzig Kilometer. Selbst dann fing meine Kondition auf dem Heimweg an einzubrechen, und auf dem letzten Anstieg, den Anerley Hill hinauf zum Sendemast von Crystal Palace, mußte ich Micks Hinterrad ziehen lassen.

Einmal wurde ich oben am Kreisel ziemlich blödsinnig von einem Auto geschnitten. Ich verfolgte es die Hauptstraße entlang, und in einem plötzlichen Wutausbruch, der aus dem Nichts zu kommen schien, brüllte ich dem Fahrer irgendeine zornige Bemerkung über seinen Fahrstil zu. Der Fahrer drosselte das Tempo, kurbelte auf der Beifahrerseite das Fenster herunter und schnauzte mich über seinen vorn sitzenden Sohn hinweg an:

– Und was willst du dagegen tun, du abgemagertes Arschloch?

Abgemagert? *Abgemagert?* Ich wog achtzig Kilo, und seit meiner Teenagerzeit war ich mir nicht mehr mager vorgekommen. Auf dem Rad, in schwarzen, halblangen Lycra-Shorts, sieht natürlich fast jeder abgemagert aus. Doch ich war zu verdutzt, um mehr herauszubringen als ein unbestimmtes: *Wichser!*, während er beschleunigte und davonfuhr. Sein Sohn grinste mich an, froh über die kleine Abwechslung und stolz auf seinen Dad.

Mick kam von hinten heran.

– Was war denn los? fragte er, als er mich einholte.

– Dieses Schwein hat mich geschnitten. Hab ihn angebrüllt, und das hat ihm nicht gepaßt.

Damit war die Sache erledigt. Doch ich merkte, daß Mick, wie ich selbst, ein wenig erstaunt war über meinen gerechten Zorn, wie dicht unter der Oberfläche er lag und mit welcher Heftigkeit er hervorbrechen konnte. In gewisser Hinsicht war ich gedemütigt worden, doch ich fühlte mich merkwürdig kraftvoll – als hätte ich eine tiefe, wenn auch potentiell gefährliche Kraftquelle in mir entdeckt, von deren Existenz ich bis dahin keine Ahnung gehabt hatte.

Es gibt eine Legende aus der Frühzeit der Tour de France, einer Zeit, in der das Rennen noch nicht in Etappen eingeteilt, sondern ein einziger, durchgehender Gesang der Qualen und der Solidarität, der Schmerzen und des Triumphes war. Damals gab es noch keine Servicewagen und Teammechaniker. Bei einer Reifenpanne oder einem Sturz war es den Fahrern nicht erlaubt, irgend jemandes Hilfe anzunehmen. Sie schlangen sich Ersatzreifen um die Schultern, so daß sie aussahen wie Guerillakämpfer mit Patronengurten. Statt der modernen getönten Panoramabrillen aus Polycarbonat trugen sie zum Schutz gegen den Staub und Dreck der ungepflasterten Straßen eine Art Fliegerbrillen. Nach einem Regentag im Sattel sahen sie aus, als wären sie Zolas Roman *Germinal* entsprungen – weniger wie Radsportler als wie Bergarbeiter mit geschwärzten Gesichtern, aus denen die weißen Augäpfel mit einem peinvollen Glanz hervorleuchteten.

Der Legende nach stürzte der vorn liegende Fahrer, der seinem nächsten Rivalen mehrere Stunden voraus war, als auf einer Abfahrt die Gabel seiner Maschine nachgab. Mit zäher Entschlossenheit rappelte er sich hoch und trug das Rad mehrere Kilometer zum nächsten Dorf. Dort angekommen, durfte er nach den Regeln des Rennens keine fremde Hilfe annehmen. So machte er sich, als er eine Schmiede gefunden hatte, selbst daran, die gebrochene Gabel zu reparieren. Währenddessen verlor er seine Führungsposition, doch er schaffte es schließlich, wieder aufzusteigen und zum nächsten Halt zu fahren. Erst dort erfuhr er, daß er disqualifiziert worden war – weil er sich von einem Jungen hatte helfen lassen, der den Blasebalg der Schmiede trat.

Der Mann, der die Tour de France begründete, Henri Desgranges, war unter den Fahrern berühmt dafür, daß er die härteste Strecke wählte, die möglich war, und auch bei der Auslegung der Regeln keine Gnade walten ließ. Dafür wurde Desgranges, der selbst ein ehemaliger Berufsradsportler war, von jenen frühen Teilnehmern der Tour mit dem Beinamen *l'assassin* (der Mörder) bedacht. Das war das Wort, das sie keuchend zwischen den Zähnen hervorstießen, wenn sie seine gleichmütige Gestalt auf dem höchsten Punkt irgendeines verfluchten, einsamen Bergpasses auf sie warten sahen. So ist der Radrennsport: Er fördert den Sadisten und den Masochisten in uns zutage.

Wenn es naß und windig war und Mick zu Hause blieb, zog ich einfach meine Gore-Tex-Socken an, holte mein Regencape heraus und fuhr trotzdem los, zu einer Solofahrt. Oft wählte ich dieselbe Strecke – über die North Downs, die mir so vertraut waren, mitsamt dem nassen Asphalt und dem rutschigen Laub darauf, dem sandigen Grus, der auf die Straße geschwemmt wurde, und dem rauhen Wind, der tosend und feucht aus Südwest oder kühl aus Nordost blies. Dennoch war es eine auf subtile Weise andere Erfahrung.

Allein zu fahren ist eine Sache für sich, aber jeder Radsportler trägt etwas von einem Einzelgänger in sich. Selbst wenn man im Feld fährt, fährt man vor allem gegen sich selbst. Man kämpft gegen die eigenen Grenzen.

Auch in der Gruppe ist Radfahren keine sehr gesellige Tätigkeit. Oft werden über viele Kilometer hinweg keine anderen Worte gewechselt als eine kurze, banale Bemerkung über das Wetter, die Grobheit des Straßenbelags oder die Brutalität einer Steigung. Selbst wenn man in einer Gruppe in lockerem Tempo zu zweit nebeneinanderher fuhr und nichts anderes konnte, als miteinander zu reden, drehte sich das Gespräch meist um die letzten Rennen und verschiedene Rennstrecken, um erwähnenswerte Details wie siegreiche Vorstöße oder schlimme Stürze, darum, wer gerade stark fuhr und wer nur am Hinterrad lutschte.

Allein zu fahren hatte für mich stets einen angenehm melancholischen Beiklang. An manchen Tagen war ich froh, mit meinen Gedanken allein zu sein und die Landschaft, die Geräusche und Gerüche jener Nebenstraßen für den Augenblick ganz für mich allein zu haben. Zuweilen, vor allem in dem Jahr, in dem Ruth krank war, empfand ich die Vorstellung, mit jemandem reden zu müssen, als lästig. Doch zugleich schien die Tatsache, daß ich allein fuhr, mein Gefühl der Einsamkeit und Isolation, die unentrinnbare Privatheit und Besonderheit dessen, was in meinem Leben passierte, zu bestätigen. Während ich jene Straßen entlangfuhr und sie sich vor mir über das Hügelland dahinzogen, wurde mir klar, daß dies, egal, ob verdient oder nicht, mein persönliches, ureigenes Schicksal war. Ich stellte fest, daß ich andere um ihr Leben beneidete, jeden beliebigen Menschen.

Doch wenn ich den Heimweg antrat, hatte sich meine Stimmung jedesmal aufgehellt. Durch die Vertrautheit dieser Straßen, den Rhythmus der Pedalumdrehungen und die maßvolle Anstrengung durch körperliche Bewegung hatte sich etwas in mir gelöst. Das Radfahren trieb den Dämon aus.

Im letzten Jahr vor Ruths Tod hörte ich irgendwann auf, mir die Beine zu rasieren.

Bis dahin hatte ich die alte Gewohnheit und Tradition gepflegt, wenn auch mit weniger Eifer und Hingabe. In den ersten anderthalb Jahren nach der Geburt der Kinder fuhren wir fast einmal im Monat zu meinen Eltern. Ich half mit, die Sachen für diese Wochenenden in unseren Caravan zu laden – den Doppelbuggy, die Zwillingsreisebetten, Bettlaken und Decken, mehrere Garnituren Kleidung zum Wechseln für alle Beteiligten und eine Großhandelspackung Windeln. Doch ich trug bereits Rennhose und Unterhemd, und sobald die Zwillinge angeschnallt auf den Kindersitzen saßen, lief ich ins Haus und schlüpfte in mein Lieblingstrikot – eine Kopie desjenigen der italienischen Nationalmannschaft, deren Mitglieder nach dem tiefen, mediterranen Blau ihrer Trikots die *azzurri* genannt werden. Hastig zog ich den Reißverschluß zu, streifte die passenden blauen Ärmlinge über, setzte Helm und Brille auf und rollte auf meinem Trainingsrad los, während Ruth mit dem Wagen davonfuhr.

Ich hatte mir überlegt, daß die paar Stunden, die die Autofahrt zu meinen Eltern dauerte, was das Aufpassen auf die Kinder betraf, tote Zeit waren. Das Wunder des Automobils bestand in diesem Fall darin, daß sie garantiert den größten Teil der Strecke schlafen würden. Und so fuhr Ruth mit dem Wagen, während ich das Rad nahm. Auf den achtzig Kilometern zwischen London und dem Haus meiner Eltern in West Sussex war das Land sanft gewellt, ohne größere Hügel. Mit Rückenwind und guten Beinen legte ich diese Entfernung in gut zweieinhalb Stunden zurück. Je nachdem, wie lange Ruth durch den Verkehr aufgehalten wurde, kam ich bis zu einer Stunde vor oder nach ihr und den Kindern an. Ruth gab zu, daß diese Regelung vernünftig war, und für mich kam sie einem Vormittag auf dem Rad ohne schlechtes Gewissen so nahe, wie es unter den gegebenen Umständen möglich war.

Ich wußte, ich war nicht mehr in Rennform, doch ich hielt verzweifelt an der Vorstellung fest, noch immer ein Radrennfahrer zu sein. Leute, die nur zur Erholung Rad fuhren, rasierten sich nicht die Beine. Daran erkannte man den ernsthaften Radsportler. Ich war seit mehr als einem Jahr keine Rennen mehr gefahren, hatte eine ganze Trainings- und Rennsaison verpaßt. Meine Beine waren im Sommer nicht mehr so braun wie einst, mein Rumpf war nicht mehr so gertenschlank, aber innerlich hegte ich insgeheim die Hoffnung, irgendwann wieder in den Rennsport einsteigen zu können. Ich sah das Ganze auf lange Sicht und dachte mir, vielleicht würde ich als Veteran wieder mitfahren können. Ich kannte viele Veteranen, und ich konnte warten. Im Radsport gilt man mit Vierzig schon als Veteran – bis dahin waren es keine zehn Jahre mehr. Vierzig schien mir nicht allzuweit weg zu sein, vorausgesetzt ich verlor nicht den Glauben und nicht ganz die Kondition. Die Kinder wären dann fast zehn – sie würden bei Freunden sein, bei irgendeiner Kampfsportart oder beim Fußball, ein Instrument lernen oder Ballettstunden nehmen und tausend andere Dinge. Wie die alten Radfahrer mit ihrem Glauben an das Erinnerungsvermögen der Muskeln, dachte ich, ich könnte durch ein paar Monate ernsthaftes Training wieder halbwegs in Form kommen: Ich könnte ein ziemlich brauchbarer Veteran werden. Bis dahin würde ich ein Schläfer sein. Solange ich mir die Beine rasierte, war die Flamme der Hoffnung noch nicht erloschen.

Manchmal läßt das Peloton dem einzelnen Ausreißer, dem Fahrer, der sich vom Feld absetzt, seinen Triumph. Meistens jedoch steht zuviel auf dem Spiel. Das Peloton formiert sich neu und nimmt die Verfolgung auf, arbeitet sich Kilometer für Kilometer an ihn heran. Sobald er in Sicht kommt, bleiben die anderen auf Abstand und lassen den einsamen Fahrer verzweifelt seinen hauchdünnen Vorsprung halten. Sie ließen ihn »am langen Arm verhungern«. Doch diese Strategie richtet sich nicht gegen ihn persönlich: Die Logik des Ganzen besteht einfach darin, daß niemand etwas davon hat, selbst einen Angriff zu lancieren, solange sich der Ausreißer an seinen schwachen Vorteil klammert. Der vorn liegende Fahrer spannt jeden Muskel an, um seine kostbaren Sekunden nicht zu verlieren. Fünf Minuten lang kennt jeder seinen Namen, genießt er einen Hauch von Ruhm. In Wirklichkeit ist er zum Scheitern verurteilt, und sein Schicksal ist von einer tragischen Unausweichlickeit. Das Peloton zieht bald vorbei, nimmt ihn wieder auf in seine vielfarbige Anonymität. Und schon ist er vergessen, wird seine kurze heroische Leistung zu einem Teil des kollektiven Dramas des Rennens.

Wie das Feld, so unerbittlich wie ein Bienenschwarm, holte mich das Leben schließlich ein. Das Spiel war aus. Ich hatte festgestellt, daß ich das Radfahren nicht so aufgeben konnte, wie es dieses Wort nahelegt: mit einem einzigen, unwiderruflichen Akt der Entsagung. Ich konnte es nur nach und nach ziehen lassen, wie wenn man einem Drachen immer mehr Schnur gibt, so daß er in immer weitere Fernen aufsteigt, bis einem das letzte Stück durch die Finger schlüpft und der Drachen mit dem Wind davonfliegt. Wenn es soweit ist, fühlt es sich eher wie ein Versehen an als wie eine bewußte Entscheidung.

Bei unserem letzten gemeinsamen Urlaub fuhren wir mit Ruths Familie für eine Woche auf den Gower, eine lange, schmale Halbinsel, die mit ihrem Flickenteppich aus grünen Wiesen und brauner Heide von Swansea aus nach Westen in den Atlantik ragt. Der Gower hatte für Ruth eine spezielle Bedeutung, denn sie kannte ihn als Ferienziel aus ihrer Kindheit. Ihr Vater war dort mit ihnen Zelten gegangen. Sie fuhren von Oxford mit ihrem Mini hin, dessen Dachgepäckträger so mit Koffern und Campingzubehör überladen war, daß Ruth als Kind immer Angst hatte, sie würden auf der gewaltigen Hängebrücke über den Severn davongeweht werden.

Damals, so erinnerte sie sich gern, belieferte noch ein

Milchmann die Zelte in den Dünen. Diese riesigen Dünen, die an sonnigen Tagen weitläufig genug gewesen wären für ein weiteres Remake von *Beau Geste*, waren nach der Legende zweihundert Jahre zuvor von einem einzigen, mächtigen Sturm am Ende der viereinhalb Kilometer breiten Rhossili Bay aufgetürmt worden. Bei einer dieser Ferien hatte ein harmloserer, aber immer noch eindrucksvoller Sturm eines Nachts ihr Zelt einfach weggeweht. Kaum etwas sehend in dem peitschenden Sand und Regen, mußte ihr Vater seine beiden Töchter Hand in Hand in einer Kolonne führen, bis sie im nahegelegenen Haus von Freunden Zuflucht fanden.

Auch Ruth und ich hatten dort einmal ein paar Tage lang gezeltet, nach den Abschlußprüfungen, bevor wir die Ergebnisse bekamen. An den ersten beiden Tagen regnete es, was unsere angespannte, leicht gereizte Stimmung nicht gerade hob. Dann schien endlich die Sonne, und wir legten uns nackt in die Dünen, so glücklich darüber, bis auf die Knochen durchwärmt zu werden, daß wir uns nicht genug eincremten und beide einen schrecklichen Sonnenbrand bekamen. Zitternd und fiebrig fuhren wir, einander abwechselnd, zurück nach Cardiff, wo ihre Eltern wohnten.

Jener letzte Urlaub im Juli war, auch wenn wir es alle nicht wirklich denken oder glauben konnten, ein letztes Familientreffen. Die Kinder waren fast zwei Jahre alt. Lola sprach schon ziemlich fließend, aber Joe hatte noch mit den Wörtern zu kämpfen. Seine Sprachlosigkeit schien ihn zu frustrieren. Doch wir konnten alle nicht ausdrücken, was wir angesichts des langsamen Dahinschwindens des Lebens seiner Mutter empfanden.

Selbst auf diese Reise hatte ich noch mein Mountainbike mitgenommen. Ich rechnete nicht unbedingt damit, eine Tour machen zu können – mein alter Enthusiasmus wurde durch einen neuen Realismus gedämpft. Dennoch erschien es mir unvorstellbar wegzufahren, ohne ein Rad mitzunehmen.

Ruths Gesundheitszustand verschlechterte sich rasch, doch ich erlaubte mir, nicht zu sehen, was direkt vor meinen Augen geschah. Durch eine mehr als einen Monat dauernde Behandlung mit starken Kortikosteroiden, die ihr prophylaktisch verschrieben worden waren, um das »Ödem« um den Tumor in ihrem Gehirn zu verkleinern, hatte ihr Gesicht allmählich eine andere Form bekommen, war an den Wangen runder geworden – die für dieses Medikament typische »Gesichtsschwellung«. All diese häßlichen neuen Wörter drangen in unser Leben ein. Im Laufe des Urlaubs klagte Ruth auch häufig über Kopfschmerzen und begann, schlecht zu schlafen. Nach ein paar Tagen zog sie in unserem Ferienhaus in ein anderes Bett um, damit ich sie nachts nicht störte. Oder sie mich – ich weiß nicht, was von beidem. Sie war zutiefst deprimiert und schwer zu erreichen, selbst wenn ich gewußt hätte, wie.

Gegen Ende des Urlaubs machte ich tatsächlich eine kleine Tour mit dem Rad, während Ruths Mutter ihr half, auf die Kinder aufzupassen. Entschlossen, nicht länger als eine Stunde unterwegs zu sein, fuhr ich den Hügel hinauf durch das Dorf, wo jeden Morgen wilde Ponys grasten. Dann schlug ich den Weg durch die Heide in Richtung der Rhossili Downs ein, des Sandsteinsattels, der wie ein schlafender Riese hinten an der Bucht lag.

Es war ein kühler Morgen, und die Luft war feucht. Als ich die Steigung hinaufkletterte, wurde die Brise vom Meer her stärker, feucht von Nieselregen oder, so hätte man meinen können, von der Gischt der Wellen, die sich am Strand hundert Meter tiefer brachen. Ich fuhr zu der Landspitze bei Rhossili, wo das Land in einer schmalen, grünen Zunge ausläuft, die direkt aufs Meer hinauszeigt, bis sie zu einem felsigen Damm zerfällt, der nach Worm's Head hinüberführt. Bei einem bestimmten Gezeitenstand läßt die Dünung aus einem Loch in der Nähe des westlichsten Punktes des Felsens eine Fontäne aus Gischt hervorschießen – das Schnauben eines schlummernden walisischen Drachens, erzählten wir den Kindern.

In diesem holprigen Gelände brauchte ich für die sieben bis acht Kilometer fast eine halbe Stunde. An die Uhrzeit denkend, drehte ich um und machte mich auf den Heimweg. Erst als ich den höchsten Punkt der Downs erreichte und wußte, daß es nur noch zehn Minuten bis zu unserem Ferienhaus waren, blieb ich stehen, um die Aussicht zu genießen. Mit dem Fahrrad zwischen den Beinen folgte ich mit den Augen dem Küstenweg, der um eine kleine Ansammlung von frei liegenden Felsen herumlief. Diese Felsblöcke markierten den höchsten Punkt einer imposanten Klippe, die den Seewind fast ständig mit Sturmstärke über die Downs wehen ließ. Ich spürte, wie der Wind die Wärme meines von der Anstrengung erhitzten Körpers mit sich fortriß, während sein Tosen sogar das Geräusch der Wellen übertönte, über die er doch soeben erst in schönster Zweisamkeit gezogen war. Das Meer erstreckte sich weit, und sein kaltes, metallisches Grün war gerippt mit weißen Kronen, bis es in der horizontlosen Ferne aus Nieselregen und grauen Wolken verschwand. Mit einem leichten Schauder wandte ich mich um und fuhr nach Hause.

Zwei Monate später war Ruth tot.

7. Etappe

Was wir in unserem Leben mit der Zeit für unentrinnbar halten oder wovon wir uns überzeugen lassen, daß es unentrinnbar ist, wird eine verhängnisvolle Entscheidung sein. Doch es ist eine Entscheidung, die nie endgültig sein kann, die immer wieder gefällt werden muß, weil uns immer wieder Dinge einholen.
Adam Phillips

In Ruths letzten Wochen war ich, wenn die Kinder im Bett lagen, ein paarmal mit dem Rad zu dem Hospiz gefahren, in dem sie untergebracht war. Inzwischen ging der Sommer zu Ende. Da ich lieber noch Shorts trug – keine Rennhose aus Lycra, sondern normale Baumwollshorts –, machte mich die kühle Septemberluft zunächst frösteln. Um so härter trat ich in die Pedale, bewegte die Beine mit unversöhnlicher Entschlossenheit, bis ich schwitzend am Eingangstor des Hospizes ankam. Ein, zwei Minuten lang kam ich mir dann mit meinem schweren Atem in seiner höflichen, mitfühlenden Stille wie ein störender Eindringling vor.

Es gab wenig zu tun. Ich brachte Ruth ihre Post, die jetzt fast ausschließlich aus Karten von Freunden und ihr wohlgesinnten Menschen bestand. Wenn sie zu müde oder zu abwesend war, um sie selbst zu lesen, was inzwischen häufig vorkam, las ich sie ihr schnell vor. Ich fragte sie, wie es ihr gehe, ob sie irgend etwas brauche. Ich saß da und hielt ihre Hand und erzählte ihr mit ein paar Worten, wie es den Kindern ging, wenn sie sie an dem Tag nicht gesehen hatte. Nach einer Weile gab ich ihr einen Gutenachtkuß und verabschiedete mich. Ich wußte nicht, was ich sonst noch tun sollte.

Wenn ich wieder wegfuhr, war es noch kälter. Aber jetzt weckte die Frische in mir den Wunsch, meine Lunge gierig mit der Nachtluft zu füllen. Ich fuhr wieder schnell, um mich aufzuwärmen. Getrieben von Wut und Verzweiflung, fuhr ich so schnell ich konnte, schoß durch Lücken hindurch, überholte Autos auf der Innenseite, raste im Windschatten von Bussen in voller Fahrt dahin, sprintete über Ampeln, die gerade rot wurden. Bis ein ernüchternder Gedanke mich jäh innehalten ließ: Was, wenn mir etwas passierte? Was wäre dann mit den Kindern? Ich konnte mir solchen Wagemut nicht leisten. Und ich konnte mir das Gefühl nicht leisten, daß ich es nicht verdiente weiterzuleben.

Als Ruth noch am Leben und gesund war, konnte ich mich noch meinen Ausreiß- und Fluchtphantasien hingeben. Ich rasierte mir weiter die Beine. Bei der Arbeit hing ich Tagträumen über die Fahrt am nächsten Wochenende nach. Meine persönlichen Highlights, die Höhepunkte meiner Rennfahrerzeit, blieben vor meinem inneren Auge frisch und lebendig. Den Traum, irgendwann wieder Rennen zu fahren, in einer nicht genau bezeichneten Zukunft, hielt ich am Leben wie eine verbotene Affäre. Eine geheime Sehnsucht, die meine kleine Art von Untreue war.

Nach Ruths Tod starb auch der Traum langsam dahin. Ich wußte, allein mit zwei kleinen Kindern zurückzubleiben bedeutete unausweichlich, daß die einzig wichtige Rolle jetzt darin bestand, ein so guter Vater zu sein, wie ich konnte. Es versteht sich von selbst, daß ich den Umfang dieser Herausforderung immer wieder unterschätzte, doch in einer Hinsicht lag ich richtig: Meine Zeit als ernsthafter Radfahrer war vorbei. Die Wochenenden und Abende mußten der Familie gehören. In der Zeit, in der ich nicht arbeitete, hatte ich mit dem Haushalt, mit Kochen, Putzen, Einkaufen und Wäschewaschen, bereits genug zu tun. Die Kinder mußten sich ohnehin schon mit einem allzu kleinen Teil meiner Zeit und Aufmerksamkeit begnügen. Daß die Anforderungen des Familienlebens über die Einzelinteressen von Männern obsiegen, ist eine völlig alltägliche Sache. Es kommt ständig vor, ja es ist sogar ein Klischee. Doch bei den meisten geschieht es allmählich, mit der Zeit, so daß es einen etappenweisen Rückzug gibt, einen Prozeß der Anpassung. Der einzige Unterschied zwischen mir und anderen Männern bestand meines Erachtens darin, daß es für mich keinen Übergang gab, nicht diese unscharfe Ambiguität, mit der sich das Leben von einer Sache in eine andere verwandelt. Alles hatte die Klarheit und Bestimmtheit einer absoluten Aussage. So sah damals unser Leben aus – so sieht unser Leben jetzt aus.

Das dachte ich zumindest. Und doch bildete sich ein Paradox heraus. Nach Ruths Tod boten mir die beiden Großmütter der Kinder monatelang so oft ihre Hilfe an, daß ich fast jedes zweite Wochenende Zeit hatte und mich ermuntert sah, mir freizunehmen und Rad zu fahren. Was für mich selbst galt – daß ich die Kinder brauchte, um die schlimmste Zeit zu überstehen –, das galt insbesondere auch für Ruths Mutter. Die Kinder waren das, was uns rettete. Sie spendeten den trauernden Erwachsenen Trost, indem sie ihrem Leben einen Sinn gaben und die Aufrechterhaltung einer Kontinuität notwendig machten. Dennoch war es nicht immer leicht, die Elternschaft mit jemand anderem als dem eigenen Partner zu teilen.

– Nein, keine Kekse mehr. Daddy sagt, ihr hattet schon genug ... Ach, na gut, na gut: einen noch. Aber dann ist Schluß, weil Daddy es gesagt hat.

Äußerlich mochte alles ganz normal aussehen, doch durch den Verlust von Ruth als Mutter, Tochter und Frau stand unendlich viel mehr auf dem Spiel. Er machte alles bedeutungsvoll, gab jedem belanglosen Wort, jeder banalen Handlung ein emotionales Gewicht. Statt plump zu versuchen, meine Autorität als Vater durchzusetzen, was mich gewöhnlich nur gereizt machte und mich noch weiter disqualifizierte, erschien es mir besser, mich für ein paar Stunden zu beurlauben. Und so entstand die seltsame Situation, daß ich mehr Rad fuhr, als ich es in den Monaten während der letzten Stadien von Ruths Krankheit getan hatte. Wenn ich ein schlechtes Gewissen bekam, erinnerte ich mich an Ruths Worte. *Du brauchst Bewegung. Es ist das einzige, was du für* dich *tust. Wahrscheinlich ist es ein gutes Ventil ...* Wenn mein Radfahren eine Treue zu dem verkörperte, was einmal war, so schien darin auch eine Art Treue zu ihr zu liegen. Soweit möglich weiterzumachen wie bisher, einfach stumpf vorwärtszudrängen, schien jedenfalls der sicherste Weg zu sein.

Doch die Fahrten, die ich meist allein unternahm, bekamen jetzt einen anderen Charakter. Ich betrachtete sie nicht mehr als Training für eine zukünftige Wiederaufnahme meiner Rennfahrerlaufbahn. Ich ruhte dabei mehr in mir selbst. Ich fuhr immer noch über die Hügel, aber in einem lockereren Tempo. Ich wollte mich nicht für irgendein abstraktes Fitneßideal quälen. Statt dessen genoß ich lieber die Aussicht, den Geruch der Luft. Meine körperliche Existenz kam mir jetzt relativ zerbrechlich vor, wie etwas, worauf man nicht bauen konnte. Ich wollte sie nicht mißbrauchen, indem ich meinen Körper wie eine Maschine behandelte, die nur dazu da war, daß man das Äußerste aus ihr herausholte.

Mit Schaudern erinnerte ich mich an die Fälle, in denen ich bei Rennen gestürzt war. Das eine Mal, als die

Ausreißergruppe von vier Fahrern, zu denen ich gehörte, zu schnell in eine unübersichtliche Kurve gefahren war. Drei von uns waren gestürzt. Als mein Rad von der Straße abhob, machte ich einen Salto über eine kleine, grasbewachsene Verkehrsinsel, landete hart auf der Gegenfahrbahn und schlitterte mit den Füßen voran in die Hecke. Nachdem ich eine Weile geflucht hatte und voller Schmerzen herumgehüpft war, ging ich hin, um mein verbogenes Fahrrad aufzuheben. Als ich sah, welchen Weg ich in der Luft zurückgelegt hatte, stellte ich fest, daß ich nur eine Handbreit an dem soliden Stahlpfahl mit dem Schild vorbeigeflogen war, das auf die Kurve hinwies. Erst jetzt, im Rückblick, wurde dieses knappe Vorbeifliegen zu einem läuternden Augenblick.

Ich hörte auf, mich bei langen Abfahrten zu ducken und mich auch in enger werdenden Kurven zu zwingen, die Finger von den Bremsen zu lassen. Irgendwie war mir der Sinn und Zweck der puren Geschwindigkeit abhanden gekommen. Statt daß ich mir ausmalte, wie ich frei in die Ferne davonfuhr, alpine Bergpässe bezwang und durch unzählige Serpentinen wieder auf die Erde hinabflog, drängten sich in meiner Phantasie jetzt Szenarien möglicher Unfälle. Die alte Aggression, der Drang, mich zu fordern und an neue Grenzen zu gelangen, war verschwunden. Statt eine urwüchsige Freude dabei zu empfinden, wenn ich schnell und verwegen fuhr, wog ich jetzt im Geist ständig die Risiken ab. Der Reiz war dahin.

Solange ich mehr Rad fuhr, bekamen auch Mick und ich uns häufiger zu sehen. Wir redeten nicht darüber, doch wir waren uns dessen bewußt, wie sehr unsere Freundschaft der Zeit, die wir zusammen im Sattel verbrachten, aufbaute und davon abhängig war. Das Radfahren hatte einen unterschiedlichen Stellenwert in unserem Leben.

Auch wenn ich es für einen zentralen Bestandteil meiner Identität hielt, blieb es doch etwas Abgesondertes, in sich Geschlossenes, das vom Rest meines Lebens getrennt war. So hatte ich auch die Menschen, die ich vom Radfahren kannte, nie richtig in mein Leben integrieren können. Für Mick gab es keinen Konflikt. Es war alles ein zusammenhängendes Ganzes. Er arbeitete in einem Fahrradladen. Er fuhr mit dem Rad zur Arbeit. Danach fuhr er mit dem Rad heim. Er wohnte in der Nähe des Herne-Hill-Stadions, wo er während der Saison jede Woche trainierte oder Rennen fuhr. Sein Leben drehte sich im buchstäblichen Sinne ums Radfahren. Manchmal beneidete ich ihn darum, daß sein Leben so aus einem Guß zu sein schien, frei von den Widersprüchen, die ich empfand.

Mick verstand, wie schwer es für mich war – jetzt mehr denn je –, die Anforderungen, die das Leben an mich stellte, unter einen Hut zu bringen. Ich tat ihm leid, und um das Radfahren ein wenig mehr in mein Leben zu integrieren, ermunterte er mich, an den Radcrossrennen teilzunehmen, die er im Winter fuhr. Diese Rennen fanden an schnell und leicht zu erreichenden Orten statt – oft in einem der Parks in den Außenbezirken von London. Und weil sie nicht viel länger als eine Stunde dauerten, waren die Anforderungen an meine begrenzte Leistungsfähigkeit nicht so hoch. In der höchsten Leistungsklasse wird bei Crossrennen genauso hart gekämpft wie bei jedem anderen Radrennen, doch auf dem Einstiegsniveau sind sie das, was im Bereich des Radrennsports einer Vergnügungsfahrt am nächsten kommt.

Crossrennen sind eine traditionelle Form von Winterveranstaltungen, eine Art von Querfeldeinrennen, die schon lange bevor Mountainbikes das Fahren auf unbefestigten Wegen zu einem populären Freizeitvergnügen machten, existierten. Crossräder sahen fast wie Rennräder aus, außer daß sie eine kleinere Übersetzung, breitere Reifen, verstärkte Bremsen und mehr Spielraum zwischen Rahmen und Laufrädern hatten, damit diese nicht durch Schlamm blockiert wurden. Ernsthafte Crossfahrer besaßen oft zwei Maschinen, zwischen denen sie auf sehr schlammigem Gelände jede oder jede zweite Runde wechselten, während ein Helfer von dem anderen den Dreck abspritzte oder -schrubbte. Wenn ein morastiger Crosskurs nach mehreren Runden richtig aufgewühlt war, konnten sich an einem Rad schnell mehrere Pfund zusätzlicher Ballast in Form von klebrigem braunem Schlamm sammeln. Wenn man dann zu einem Abschnitt kam, wo man sein Rad schultern und tragen mußte und das Oberrohr schmerzhaft auf der eigenen Schulter auf und ab sprang, spürte man dieses Mehr an Gewicht. Die Verwalter des Radcrosssports waren so klug gewesen, die Regeln für Rennen zu lockern und den Einsatz von Mountainbikes zuzulassen. Ernsthafte Crossfahrer benutzten auf schnelleren Kursen nach wie vor ihre Crossräder, während auf eher technischen Strecken das ganze Feld auf Mountainbikes saß.

Eines kühlen, nebligen Sonntags etwas mehr als ein Jahr nach Ruths Tod lud ich meine Ausrüstung hinten, meine Kinder und meine Schwiegermutter vorn in den Wagen und fuhr zu einem durchweichten Stück Farmland an der Grenze zwischen Surrey und Sussex. Auf einer Strecke von anderthalb Kilometern ging es im Kreis durch Gestrüpp und über Gräben, Wege entlang und über zum Sumpf gewordenes Weideland. Zum erstenmal in meinem Leben sahen meine Kinder zu und feuerten mich an. Bei jeder der zehn Runden, immer wenn ich, von Mal zu Mal mehr mit dem geschmolzenen Schokoladenmatsch bekleckert, am Ziel vorbeikam, standen sie da, winkten und riefen mir zu: *Los, Daddy, du gewinnst, du gewinnst.* Ich lächelte und winkte zurück. Angespornt von dem Gefühl, ihr Held zu sein, übertraf ich mich selbst. Obwohl Mick viel besser in Form war, erreichte ich vor ihm das Ziel, nachdem seine Schaltung in einem Gang hängengeblieben war. Trotzdem lag ich nicht sehr weit vorn. Ich machte mir nicht die Mühe herauszufinden, auf welchem Platz genau.

Ich reihte mich in die Schlange ein, um mein Rad abzuspritzen. Die Kinder mußten warten, während ich mich selbst wusch und hinter dem Wagen umzog. Schließlich fuhren wir los. Obwohl die Kinder das Mittagessen hatten ausfallen lassen und sich nur ein paar Bananen geteilt hatten, schliefen sie bei der Heimfahrt auf den wie jeden Sonntagnachmittag verstopften Straßen bald fest ein. Ein ganzer Tag war dahin, stellte ich fest, nur für eine Stunde Radfahren – und das alles nur um meiner alten Obsession willen.

Als die Euphorie des Ganzen und der Rausch des schnellen Endorphinschusses nachließen, senkte sich angesichts dessen, was ich meinen Kindern und ihrer Großmutter gerade angetan hatte, eine Wolke von Schuldgefühlen auf mich herab. Wirklich, was konnte öder sein, als eine Stunde lang auf einem eiskalten, matschigen Feld zu stehen, während ich mich nicht mit Ruhm, sondern mit Morast bedeckte, und anschließend noch eine Stunde herumzuhängen, während ich die Reste des Weidelands von mir und meinem Fahrrad abwusch? Was in aller Welt konnte ihnen irgend etwas davon bedeuten?

Aber Radfahren bewirkt vor allem eines: Es macht einen blind für alles andere und hartnäckig (oder vielleicht sind die Hartnäckigkeit und das Monomanische bei denen, die sich für den Radsport entscheiden, schon angelegt). Ich zog keine Schlüsse aus jenem Tag im Schlamm. Ich nahm auch weiterhin jede Gelegenheit radzufahren wahr. Mich langsam durch meine Verwandten und ihren guten Willen hindurcharbeitend, nahm ich meine Mutter mit, damit sie auf die Kinder aufpaßte, während ich an einem Rennen rund um einen Park bei Blackheath im Südosten Londons teilnahm. Irgend etwas in mir war fasziniert davon, daß ich noch immer die Beine hatte, um neben anderen bestehen zu können. Vom Tempo der Fahrer an der Spitze war ich zwar weit entfernt, doch ich konnte mich ganz gut behaupten und mein eigenes Rennen fahren. Wenn ich meine Eltern besuchte, fuhr ich mit meinem Mountainbike zur Erholung die Reitwege der South Downs hinauf und hinunter, die nur einen guten Kilometer von ihrem Haus entfernt begannen, wodurch ich einige Erfahrung in der Technik des Geländefahrens gewonnen hatte – im Umgang mit Baumwurzeln, steilen Anstiegen, gefurchten Abfahrten. Es fühlte sich gut an, die knielangen Thermohosen, das Wettkampftrikot, die Rennhandschuhe, die Gore-Tex-Socken und die Schuhe mit den Pedalplatten – die ganze hautenge Lycramontur – zu einem wirklichen Zweck zu tragen.

Während Mountainbiking einst für mich als Purist kein richtiges Radfahren gewesen war, betrieb ich es jetzt mit Begeisterung. Schon der Zeitfaktor sprach dafür: Eine Querfeldeinfahrt von etwas mehr als einer Stunde schien als Workout eine doppelt so lange Fahrt auf der Straße aufzuwiegen. Daß man im Freilauf dahinrollte, kam im Gelände praktisch nicht vor. Um in der Senkrechten zu bleiben, mußte man in die Pedale treten und diese dicken, knubbligen Reifen durch die aufgewühlte Erde vorwärtsdrehen. Mir fehlte es zwar an Schnellkraft und Ausdauer, aber durch das Geländefahren hielt ich meine aerobe Kapazität auf einem passablen Niveau. Selbst wenn ich Zeit für Straßenrennen gehabt hätte, so hätte ich für die bloße Teilnahme daran in einem Maße in Form sein müssen, wie ich es nicht mehr war.

Mountainbiking war eine Möglichkeit, mir mein Radfahren zu bewahren, es so lange wie möglich am Leben zu erhalten. Von einer anderen Seite gesehen, vielleicht mit dem sich hinterher einstellenden Klarblick, war es Teil eines langen, etappenweisen Rückzugs. Es war mein Methadonprogramm. Zu jener Zeit schien es einfach ein Kompromiß zwischen alten Gewohnheiten und neuen Umständen zu sein, der mir machbar und vertretbar vorkam. Es gibt zum einen unsere Treue zum Gegenwärtigen, Lebenden – unser Hängen an dem, was wir wissen, die an uns zerrenden Verpflichtungen anderen gegenüber, die Lust daran, dem konditionierten Verhalten nachzugeben –, doch was man leicht unterschätzt, ist unsere Treue zur Vergangenheit und zum Vergehenden, zu den Toten und zu den Sterbenden. Loslassen ist schwerer als festhalten.

Neujahr war vorbei, und ich war zwei oder drei Wochen lang nicht mehr radgefahren, als Mick mich fragte, ob ich mit ihm an einem Crossrennen in Eastway teilnehmen wolle. Eastway hatte einen gewissen Reiz. Weniger als eine halbe Stunde entfernt, war es (neben Herne Hill) mit Abstand der von der Londoner Innenstadt am leichtesten zu erreichende Ort für Radrennen. Und so häßlich und trostlos es war, empfand ich für Eastway als die Stätte, wo meine Rennfahrerlaufbahn begonnen hatte, eine gewisse Anhänglichkeit: Auf dem befestigten Kurs hatte ich zehn Jahre zuvor an meinen ersten Zeitfahren teilgenommen und den ersten Punkt auf meiner Lizenz ergattert. Die Querfeldeinstrecke in der künstlichen Landschaft aus Hügeln und Wasserläufen auf dem von der Asphaltbahn eingeschlossenen Gelände war ich nie gefahren, doch ich schlug arglos ein. Wegen des Clubhauses, das vor dem Wetter Schutz bot, hielt ich Eastway für einen guten Ort, um die Kinder mit meiner damals noch neuen Freundin Anna mitzunehmen, die mich noch nie hatte ein Rennen fahren sehen und für die die Vorstellung von Radrennen zumindest etwas Exotisches, ja Romantisches zu haben schien.

Doch als der Tag des Rennens kam, zweifelte ich bereits an der Weisheit meines Entschlusses. Ein Berg von Bedenken hatte sich aufgetürmt. Es war mehrere Wochen her, daß ich das letztemal voller Wut auf dem Rad gesessen hatte. Ich befürchtete, daß die Andeutung von Form, die ich zu Anfang des Winters besessen hatte, wieder dahin sein würde. Die bloße Vorstellung von Eastway an einem kalten, grauen Januartag kam mir für meine kleine Gruppe von unfreiwilligen Zuschauern äußerst abschreckend vor. Zugleich war ich mir dessen bewußt, daß ich von Anna, die ich doch erst seit zwei Monaten kannte, verlangte, die Rolle der Babysitterin zu spielen, die bis dahin eine der beiden Großmütter übernommen hatte. Egal, aus welchem Blickwinkel ich es betrachtete, das Ganze sah nicht sehr vielversprechend aus. Bei all diesen Bedenken, die mir fast jede Lust auf das Rennen nahmen, hatte ich Mick doch versprochen, daß ich dort sein würde, und ich glaubte, ihn nicht im Stich lassen zu können.

Der Querfeldeinkurs war länger und schneller als die meisten. Er war eher etwas für echte Crossfahrer als für einen Wochenend-Mountainbiker wie mich. Das Feld, in dem der britische Crosschampion und etliche Adepten mitfuhren, war viel mehr auf Wettkampf eingestellt. Seit meiner letzten ernstzunehmenden Teilnahme an einem Rennen schien eine ganze Generation von harten, jungen Radsportlern herangewachsen zu sein. Mit dreiunddreißig Jahren kam ich mir wie ein alter Herr vor – und zugleich wieder wie ein blutiger Anfänger. In den Umkleideräumen herrschte eine schroffe, geschäftsmäßige

Atmosphäre. Mit dem spaßhaften Geplänkel und der Kameradschaft, die ich in den schäbigen Gemeindehäusern mit Blechdach im Südosten Englands genossen hatte, war es vorbei.

Bereits Sekunden nach dem Start bildete ich das Schlußlicht. Ich strengte mich mächtig an, aber in dieser Gesellschaft war ich erbärmlich langsam. Nach sechs Runden hatten mich die Ersten überholt. Ein großer, schlaksiger Teenager, der das Trikot des Landesmeisters trug und ein weißes Crossrad fuhr, zog so ruhig und kraftvoll an mir vorbei, als führe er auf der Straße und nicht auf einem unbefestigten Weg. Ein paar Minuten darauf jagte die erste kleine Verfolgergruppe mit Volldampf an mir vorüber. Es gibt kaum etwas beim Radfahren, das so demoralisierend wirkt, wie überrundet zu werden. Ich kämpfte weiter, um wenigstens das Rennen zu beenden, aber jetzt, auf diesem langen, tristen, ungeschützten Kurs, wurde mir die ganze Sinnlosigkeit des Unternehmens bewußt. So, wie ich auf das Rennen vorbereitet war, hätte man nichts anderes erwarten können, aber jeder hat seinen Stolz. Es hatte einmal eine Zeit gegeben, überlegte ich bitter, in der man mich nicht so leicht hätte demütigen können.

Nach der ersten Runde hatte Anna, als ich vorbeikam, mit meinem Fotoapparat ein paar Schnappschüsse gemacht. Jetzt jedoch hatte der rauh über die Hackney Marsh fegende Januarwind sie und die Kinder in das niedrige Clubhaus getrieben. Niemand jubelte mir zu, als ich vorbeikam, aber es gab auch nicht viel zu jubeln. Gegen Ende der achten Runde verließen mich meine Kräfte. Ich kam an den Fuß eines steilen Hangs, an dem man absteigen und sein Rad tragen mußte. Ich fiel fast vom Rad und stand einen Moment lang schwitzend, blaß und zitternd da, zweifelnd, ob ich noch die Energie dazu würde aufbringen können, mein Rad auf die Schulter zu hieven und den Hang hinaufzusteigen. Ich war »geplatzt«, wie die Radfahrer sagen. Mein Körper hatte all seine verfügbaren Glykogenvorräte aufgebraucht, und meine Beine waren mit Milchsäure verstopft. Der Tank war leer. Verwirrt und bis zur Übelkeit erschöpft, hielt ich einen Moment lang inne und fragte mich, ob ich weiterkämpfen sollte. Auch wenn ich vielleicht nicht begriff, daß ich nicht mehr konnte, so wurde mir doch plötzlich klar, daß ich nicht mußte.

Es hatte eine Zeit gegeben, in der die Schande des Aufgebens mich dazu angespornt hatte, das Rennen um jeden Preis zu beenden. Aus diesem Stolz heraus hatte ich mich bemüht, meine Form zu verbessern, damit ich mit den anderen mithalten konnte und bis zum Ende durchhielt. Doch dieser Wille fehlte mir jetzt. Ich war nicht mehr mit ganzem Herzen dabei. Ich schob mein Rad zurück zum Clubhaus. Zur gegebenen Zeit würde irgend jemand hinter meinen Namen auf der Startliste schreiben: »Aufgegeben«, aber vielleicht war meine Rolle bei diesem Rennen nicht einmal diesen Vermerk wert. Ich duschte, verstaute mein Fahrrad, sammelte meine Familie ein und fuhr heim. Es war vorbei.

– Ist alles in Ordnung? fragte Anna im Auto, immer noch ein wenig beunruhigt über die glasigen Augen, mit denen ich im Clubhaus erschienen war.

– Ja, mir geht's schon besser ... es tut mir leid: Ich hätte euch nicht hier rausschleppen sollen. Es war völliger Blödsinn.

– Nein, das war es nicht. Du wolltest das Rennen fahren. Es hat mir Spaß gemacht, dir mit den Kindern zuzusehen.

– Na ja, viel zu sehen gab es ja nicht. Ich will keine Rennen mehr fahren. Das war das letztemal. Ich bin fertig damit.

– Du kannst ruhig Rennen fahren, wenn du willst, sagte sie. Aber ich wünschte, du würdest dich nicht so überfordern.

– Das verstehst du nicht. Da gibt es keine halben Sachen. Rennen fahren ist sinnlos, wenn man nur im Kreis rumfährt. Man muß fit sein und man muß trainieren, und diesen Einsatz kann ich nicht bringen.

– Hast du gewonnen, Daddy? fragte Joe vom Rücksitz. Er hält es nie länger als ein paar Sekunden aus, uns miteinander reden zu hören, ohne mit einbezogen werden zu wollen.

– Nein, ich habe nicht gewonnen. Ich habe das Rennen noch nicht mal beendet.

Ich hatte das Gefühl, ich hätte diese Nachricht für ihn ein wenig abmildern sollen, mich in seinen automatischen Glauben ergeben, daß sein Vater ein unschlagbarer Held war. Aber ich war zu deprimiert.

– Bist du gestürzt? warf Lola ein, die immer nach einer vernünftigen Erklärung suchte.

– Nein, ich war einfach zu müde, und ich war der Letzte von allen. Darum mußte ich absteigen und aufgeben.

Ein grimmiges Schweigen, das zu meiner Stimmung paßte, breitete sich im Wagen aus. Als hätte ich ihre Treue zu mir nicht bereits über alle Maßen und jede Vernunft beansprucht, indem ich sie alle in diese trostlose Gegend im Osten von London geschleppt hatte, wies ich jetzt auch noch das Mitgefühl und die Unterstützung zurück, die sie mir einer nach dem anderen anboten. Ich kam mir wie ein doppeltes Scheusal vor.

Das haben sie nicht verdient, dachte ich, als wir unter der Tower Bridge hindurchfuhren. Nie wieder.

Wenn ich aufbrach, schienen mir meine Touren mit dem Rad jedesmal Freiheit und interessante Entdeckungen zu verheißen, und jedesmal schienen neue Möglichkeiten und Entscheidungen meiner zu harren. Die Freiheit der Straße war das, was mich hinauslockte. Heute jedoch scheint mir, daß geradezu das Gegenteil der Fall war, daß es bei diesen Fahrten immer um die Rückkehr ging. Als hätte ich an einem unsichtbaren Gummiband gehangen, das sich dehnte und dann wieder zusammenzog und mich nach Hause zurückholte. Was mit grenzenlosen Möglichkeiten begann, wurde zu einer schrumpfenden Zahl möglicher Wege, bis ich mich schließlich vor meiner eigenen Haustür wiederfand. Fast ohne zu wissen, wie ich dorthin gelangt war – gleichsam hypnotisiert von den sich drehenden Pedalen und Rädern und wie mit Autopilot Straßen entlangfahrend, die mir so vertraut waren, daß ich jeden Meter der Asphaltdecke kannte, jede Steigung im Geiste nach der nötigen Anstrengung eingestuft hatte und sich jeder Anblick mir unauslöschlich eingebrannt hatte –, war ich an den Punkt gekommen, wo der Kreis sich schloß.

Als erstes möchte ich die Radsportler des Londoner Südens grüßen, vor allem jene Mitglieder meines Vereins, des Vélo Club de Londres, und der Vereine Dulwich Paragon, De Laune, Sydenham Wheelers, Catford, Dartford und West Kent, mit denen ich einst die Ehre hatte, zu trainieren und an Rennen teilzunehmen.

Innerhalb meiner inoffiziellen Liga von Radfahrern schulde ich besonderen Dank: Tommy Barlowe, Phil Burnett, Dave Creasey, Alex Jones, Martin Lydon, Sean McKibben, Bob Ruskowski, Don Wiley und Russell Williams. Hinter ihnen stehen Legionen von anderen – sie sind zu zahlreich, als daß ich sie alle hier anführen könnte –, die entweder im speziellen oder im allgemeinen meinen Dank verdienen für ihren Beitrag zu einem großartigen Amateursport, der, wie alle Amateursportarten, von der Begeisterung und der Selbstlosigkeit derjenigen lebt, die an ihm teilhaben. Einige Namen in diesem Buch wurden geändert, um die Privatsphäre der jeweiligen Person zu respektieren.

Was das Schreiben betrifft, bin ich David Godwin und Nicholas Pearson zu Dank verpflichtet für ihre Begeisterung, ihre Unterstützung, ihre Geduld und ihren redaktionellen Sachverstand. Besondere Erwähnung verdient auch Alison Truefitt, die nicht nur eine hervorragende Lektorin ist, sondern auch die Art von Leser, von der ein Autor träumt.

Schließlich möchte ich meinen unmittelbaren Familienangehörigen danken: meinen Eltern, Geoff and Caroline, und meinem Bruder Tom; meiner verstorbenen Frau Ruth Picardie; meinem Sohn Joe und meiner Tochter Lola; und meiner Frau Anna Shapiro. Ohne sie wäre nichts von all dem geschrieben worden.